T0384412

Despliega tu actitud positiva inteligente

Despliega tu actitud positiva inteligente

Fabián Villena

VERGARA

Papel certificado por el Forest Stewardship Council®

Primera edición: julio de 2024

Printed in Spain — Impreso en España

ISBN: 978-84-19820-39-6
Depósito legal: B-9.121-2024

Compuesto en Comptex&Ass., S. L.
Impreso en Romanyà Valls, S. A.
Capellades (Barcelona)

VE 2 0 3 9 6

A mis padres, Miguel y Reme, por darme la vida, por dejarse la vida en mí y en mis hermanos, pero, sobre todo, por enseñarme a vivirla con grandes valores.

A mi hermana Reme, por ayudarme a verme a través de sus ojos, y por ser fuente de cariño, pasión y fortaleza.

A mi hermano Mikel, por mostrarme que lo más importante de una persona es su bondad… y que sea del Athletic.

A mi hermana Laura, porque personas como ella hacen mejor a aquel que se cruza en su camino. Siempre nos quedará Focus.

A ti, José Mari, por ser más hermano que primo, un beso allí donde estés. Una parte de ti siempre estará en mi corazón.

A Natalia, por enseñarme con su ejemplo lo que es el amor verdadero, basado en el respeto y el apoyo incondicional. Este libro es tan suyo como mío.

A mis hijas, Tali, Naia y Abril, por darme un motivo aún más poderoso para vivir y por ser mi principal fuente de inspiración.

A ti, por dedicar lo más valioso que tienes en tu vida, tu tiempo, a leer este libro. Me comprometo a darte lo más valioso que he aprendido a lo largo de la mía.

Índice

Prólogo

En la vida todos nos enfrentamos a problemas, esperados o no, a obstáculos que algunas veces nos paralizan.

Nos enfrentamos a relaciones con otras personas que no funcionan como nos gustaría, tanto en el ámbito laboral como con la familia, los amigos...

Nos enfrentamos a enfermedades que nos perturban, a estados de salud que nos achican, que nos hacen ser más débiles.

En la vida todos nos enfrentamos a cambios que nos pillan por sorpresa, a pérdidas de seres queridos que nos dejan cuando todavía no era el momento, a separaciones dolorosas, a tener que dejar un trabajo que adorábamos.

Nos enfrentamos a momentos de dolor, más allá de cuál sea su origen.

En todos estos casos, y en muchos otros que tú, lector, recordarás al leer este humilde prólogo, existe una única salida: una actitud positiva inteligente.

Todos nos enfrentamos a situaciones de alegría extrema cuando sucede algo que esperábamos desde hace un tiempo.

Todos encaramos nuevos trabajos con mucha ilusión, nuevos hobbies, cambios de residencia, aventuras en pareja con esa persona a la que tanto amamos y que nos llena de alegría.

Todos nos enfrentamos a ver crecer a un hijo o una hija, o a compartir tiempo con una mascota, o a envejecer plácidamente.

Todos tenemos momentos que llamamos felices, alegres, de placer…, esos que nos hacen estar satisfechos con lo que está ocurriendo, que nos levantan el ánimo, en los que disfrutamos con algo bueno que nos está pasando.

Existe una única forma de vivir estos casos: con actitud positiva inteligente. ¿Conocéis a alguna de esas personas que, aun habiendo experimentado una derrota tras otra, sienten fuerzas para seguir adelante? ¿Esas que siempre vuelven a probar, a intentarlo, de una forma u otra, aprendiendo, cambiando, con esfuerzo renovado?

También hay otro tipo de personas, quizá conozcas a alguna, que han hecho todo lo que han podido, lo que estaba en sus manos, luchando mucho y, aun así, no han podido conseguir sus objetivos vitales o profesionales. Personas que se han resignado a una vida triste, de paso, porque hicieron lo que debían hacer y perdieron su partido o quedaron en tablas.

Tanto para unas como para otras, Fabián Villena ha escrito este magnífico libro: un texto sin desperdicios que nos ayudará a entender en qué consiste vivir el viaje de la vida con una actitud positiva inteligente. Estas páginas nos dicen cómo recolocar nuestro espacio mental y vital en el modo correcto, que se caracteriza por una mirada con visión inteligente de la realidad. Lo que él ha llamado «el modo FM», nombre simpático y muy acertado que proviene del acrónimo FelizMente.

A lo largo de este libro aprenderás y comprenderás cuán importante es sentir las cosas que te pasan en tu trayecto vital utilizando este modo de sintonizar tu mente... en FM .

Una obra que recoge una propuesta sencilla: elegir la actitud con la que te enfrentas a todo lo que la vida te va deparando, tanto si ha ocurrido por decisión tuya como si es resultado de las circunstancias que te rodean y que no pudiste decidir. Siempre bajo la lupa inteligente de saber conectar y entender la realidad, aceptarla y, desde ahí, empezar a cambiar, a transformarte.

Dirigirte hacia la sintonía en modo «onda FM», porque es así, al cambiar de actitud, cuando cambiamos nosotros.

Lo que verdaderamente distingue muchas veces a las personas no es más que la manera que tienen de ver el mundo y de relacionarse con él.

Conozco a Fabián Villena desde hace años. Compañero de profesión, amigo, alumno distinguido, formador de hombres y mujeres en el mundo empresarial y fuera de él, conferenciante reconocido, colega en algunas experiencias de aprendizaje, de mente inquieta, preguntón donde los haya, con ambición insaciable de aprender, excelente profesional, experto en gestión de actitudes y en crecimiento personal y buena persona.

Cuando me pidió que prologase este primer libro suyo, me hizo feliz. Sentí una enorme gratitud. Era una oportunidad de devolverle lo que tanto me ofrece él cada vez que lo necesito.

Y es que Fabián es así, los que lo conocéis lo sabéis, amigo de sus amigos. Y lo mejor, querido lector, Fabián es una persona de esas que hacen lo que dicen y saben lo que hacen, y no hay muchas así. Es auténtico. Él mismo vive sus relaciones, su profesión y su vida con una actitud positiva inteligente.

Hace unos años, cuando escribí mi libro *Atrévete*, creé una ecuación matemática que Fabián ha mencionado en numerosas ocasiones durante sus conferencias o cursos.

La ecuación decía que la satisfacción vital e incluso la felicidad dependen de cómo vives tu realidad, cómo contactas con ella, restando las expectativas creadas por tu mente ($F = R - E$).

Pues bien, me atrevo a decir, sin arriesgar mucho, que con este libro tus expectativas se verán claramente colmadas. La lectura de este manual superará lo que esperas.

Así que, querido lector, sin más, te dejo con un gran libro.

Aprovéchalo. Exprímelo. Léelo, cuaderno y lápiz en mano, toma nota. Ponlo en práctica. Lleva las lecciones de su autor al plano donde la verdad adquiere valor: el hacer. Y con las lecciones transitarás, si todavía no lo estás, a la onda FM.

Tan solo me queda felicitar a Fabián por su trabajo en el día a día, con sus clientes y alumnos, y por ser tan generoso al compartir sus enseñanzas en este libro tan práctico. También por tocar con sus palabras el fondo más importante del ser humano: la actitud, la disponibilidad mental con la que nos enfrentamos a la vida.

Le agradezco la confianza por dejarme escribir las primeras páginas de este manuscrito con la mejor de mis actitudes.

Amigo lector, amiga lectora, te deseo un feliz viaje por estas páginas. Vívelo con mente de aprendiz, dispuesto a cambiar aquello que sea necesario, si así lo consideras; a entrenarte y a desplegar siempre una actitud positiva inteligente.

Fernando Botella
CEO de Think & Action

Introducción

Siete objetivos que este libro te ayudará a lograr:

1. Sentir que llevas el volante de tu vida.
2. Dejar de preocuparte por tonterías y centrarte en lo importante.
3. Disfrutar del presente, tener una visión inteligente del futuro y estar en paz con tu pasado.
4. Que los problemas te afecten menos y sepas cómo tratar con ellos.
5. Incrementar tu capacidad para gestionar los miedos y potenciar tu autoconfianza.
6. Mejorar la calidad de tus relaciones y ser más fuerte para que nadie pueda hacerte daño emocionalmente.
7. Disponer de herramientas para entrenar tu mente y ser más positivo.

En definitiva, en este libro aprenderás las claves para desplegar una actitud positiva inteligente, sintonizar tu frecuencia FM y disfrutar más de la vida y el trabajo.

Empecemos por el fin

Haz lo que puedas, con lo que tengas, donde estés.

THEODORE ROOSEVELT

Esta frase sería una buena síntesis de este libro. Nacemos sin manual de instrucciones y pasamos media vida tratando de comprender cómo funcionan el mundo, los demás e incluso nosotros mismos. La OMS señala que más de 300 millones de personas padecen depresión, y más de 260 millones, ansiedad.* Encajar bien en una sociedad como la actual no parece un buen síntoma.

Dicen que un optimista inventó el avión y un pesimista, el paracaídas; creo que es conveniente quedarse con lo bueno de cada uno.

Este libro nace con un fin: servir como legado para mis tres preciosas hijas. En él encontrarán lo más valioso que he aprendido en mis más de cuarenta años de vida. Es mi libro de instrucciones para que disfruten de este juego que es la vida. Ojalá, cuando tengan la madurez suficiente para comprender este texto, pueda comentar estas ideas con ellas y no les llegue a escuchar

* Página web de la Organización Mundial de la Salud: <https://www.who.int/es/health-topics/mental-health#tab=tab_1>.

decir: «Si esto es lo mejor que nos podías contar, cómo será la parte que has omitido».

No me gustaría parecer vanidoso, pero he de reconocer que hasta hace unos años tenía el cargo más importante que pudiera existir: director general del universo. Me dedicaba a decir cómo tenía que ser el mundo, qué debía hacer todo aquel que se cruzara en mi camino, incluso tenía consejos para el seleccionador español de fútbol o cualquier presidente de Gobierno. Pero como el universo y la gente hacían caso omiso a mis clases magistrales, me vi forzado a dimitir, puesto que estaba obteniendo unos nefastos resultados externos (no me iba muy bien en algunas áreas de mi vida) y peores resultados internos (siempre encontraba un motivo por el que sufrir).

Desde mi punto de vista, en el fondo, todos queremos ser felices, o al menos, no sufrir. Una vez le escuché a mi amigo Fernando Botella la siguiente fórmula sobre la felicidad:

$$F = R - E$$

Viene a decir que la felicidad es igual a la realidad menos las expectativas. Me ayudó a comprender lo que me estaba pasando: mi sueño de niño era jugar en el Athletic Club de Bilbao. Mi realidad con veintisiete años era que me dedicaba a vender zapatos en los mercadillos. Algo no estaba saliendo según lo planeado.

Decía Anthony de Mello que hay dos tipos de educación: una es la que te enseña a ganarte la vida, la otra es la que te enseña a vivir. La finalidad de este libro tiene que ver con la segunda opción, y estoy seguro de que crecer como persona hará más probable que mejores como profesional. Mi compromiso no solamente es compartir contigo qué puedes hacer, sino aportarte cómo hacerlo a través de herramientas sencillas y muy prácticas.

Este libro pretende ser un manual para que despliegues tu actitud positiva inteligente (API), entendiendo como tal:

- Actitud: qué piensas y qué haces con aquello que te sucede.
- Positiva: focalizarte en buscar soluciones y en lo bueno que te aporta la vida.
- Inteligente: comprender cómo funciona el juego de la vida y aprender a jugar tus cartas para tratar de ser lo más eficiente y feliz posible.

¡Importante!

Tener una actitud positiva no garantiza tener resultados positivos, pero sí que aumentarán tus probabilidades de lograrlos.

Porque hay una cosa que está clara: no podemos elegir lo que nos sucede en la vida, pero siempre podemos elegir con qué actitud afrontamos lo que nos ocurra. Alejarnos de la realidad no servirá de mucho, y comportarnos como un optimista naíf no será de gran ayuda. Me encanta la reflexión que leí de Mr. Puterful, decía:

«Si puedes soñarlo, puedes lograrlo. O no, tampoco te flipes».

No creo que la vida sea de color de rosa, llena de unicornios, ni que todos los días sean soleados. Alejarte de la realidad te alejará de las soluciones y te llevará a sufrir decepciones. Ahora bien, tampoco creo que sea muy inteligente verlo todo negro o fijarte solo en los marrones. Este tipo de personas piensan que vivimos en una jungla en la que no puedes fiarte de nadie y que, si algo puede salir mal, seguro que terminará saliendo mal.

Por el contrario, cuando desarrollemos una API, cuando aprendamos a gestionar las situaciones difíciles, no solo seremos más felices, sino que, además, seremos más productivos. Esta afirmación está fundada en los estudios de Shawn Achor, que estuvo más de doce años investigando en la Universidad de Harvard para comprobar algo que nuestras abuelas probablemente ya sabían: las personas más felices son más productivas. El dato concreto es de un aumento del 31 por ciento de la productividad en las personas felices, según recogen sus estudios.* Por todo ello, creo que una de las mejores inversiones de tiempo que podemos hacer en la vida es entrenar nuestra habilidad para desplegar nuestra API.

Vivir en AM versus vivir en FM

Hace unos años, conversando con mi buen amigo Guzmán Martínez Griñán, me comentó que parece casi mágico cómo en la vida terminas sintonizando con aquellas personas que van en tu misma onda. En las empresas, los negativos terminan tomando café y cuchicheando con otros negativos, pues se sienten comprendidos. Los quejicas siempre se rodean de gente que escucha y alimenta sus quejas. Y lo mismo sucede con las personas más positivas, que acaban rodeadas de personas positivas con las que compartir su forma de entender la vida.

Tiempo después, mi pareja de vida, Natalia, volvió a sugerir la idea de que las personas vivimos sintonizando una frecuencia, como si fuéramos radios, y acuñamos los conceptos vivir en AM (AmargaMente) y en FM (FelizMente).

Uno de mis grandes maestros, Wayne Dyer, decía: «No atraes a tu vida lo que quieres, atraes a tu vida lo

* Estudio recogido en el libro de Shawn Achor, *La felicidad como ventaja*, Barcelona, RBA, 2011.

que eres». Desde mi punto de vista, esta frase necesita un pequeño matiz:

«No atraes a tu vida lo que quieres, atraes personas y circunstancias según la frecuencia que tienes».

> **¡Importante!**
>
> Cuando estás en la vibración adecuada, viviendo en FM, terminas atrayendo a personas y circunstancias correspondientes a este estado.

El mismo profesor Dyer destacaba un mensaje que desde hace años me sirve de referencia:

«Cuando cambias la forma de mirar las cosas, las cosas que miras cambian».

La forma en la que vemos el mundo determina la forma en la que nos relacionamos con él y, obviamente, según te comportas y la actitud con la que vayas, obtendrás unos resultados u otros. Dicho de otro modo, si tienes una actitud fantástica, te sientes bien, transmites buena energía, te comportas de manera coherente con este estado, lo lógico es que tengas más probabilidades de lograr mejores resultados. Tiene sentido, ¿verdad?

Cada mañana, nada más despertar, tomas la decisión más importante del día. Una decisión que determinará cómo te vas a sentir a lo largo de la jornada y qué resultados vas a obtener. Has de elegir qué frecuencia deseas sintonizar: AM o FM.

Como decía Viktor Frankl tras haber pasado por un campo de concentración nazi, «No podemos elegir las circunstancias que nos toca vivir, pero siempre podemos elegir la actitud con la que afrontamos estas circunstancias, esta es la última de nuestras libertades».

En el siguiente cuadro verás cuáles son los pensamientos y comportamientos típicos de las personas según sintonizan una frecuencia u otra, es decir, según su forma de afrontar la vida:*

AM (AMARGAMENTE)	7 CLAVES	FM (FELIZMENTE)
Se quejan constantemente. Si algo sale mal, la culpa es de los demás o de las circunstancias.	RESPONSABILIDAD	Saben que son los principales responsables de sus resultados y de sus emociones.
Están peleados con la vida. Quieren que el mundo y los demás se adapten a sus deseos.	ACEPTACIÓN	Comprenden que la vida no es justa. Aceptan y juegan con las reglas del Juego de la Vida.

* Si lo deseas, puedes descargarte esta tabla acompañada de un bonito diseño en PDF en la sección Recursos extra gratuitos en <www.fabianvillena.com>.

No soportan el error y caen en el perfeccionismo. No hay grados: o está bien o está mal.	GESTIÓN DEL ERROR	Entienden que el error es parte del proceso de aprendizaje. Son «oportunidades de aprendizaje».
Creen que necesitan un montón de cosas para ser felices. Suelen hacer chantaje emocional.	DESAPEGO	No confunden «desear» y «necesitar». Solo necesitan un poco de comida, agua y oxígeno.
Padecen por cosas del pasado, se preocupan por cosas del futuro y no disfrutan del presente.	PRESENTE	Están presentes en el presente. Aprenden del pasado y si miran al futuro, es para planificar.
Son reactivos, no saben gestionar sus emociones. Son esclavos de los demás o de las circunstancias.	GESTIÓN EMOCIONAL	Aceptan sus emociones desagradables, pero saben cómo gestionarlas.
Se focalizan en lo malo de cada persona y de cada circunstancia. Se orientan solo en el problema.	SER POSITIVO	Ven lo bueno de cada persona y de cada circunstancia. Se focalizan en buscar soluciones.

Quién soy yo para hablarte de actitud positiva inteligente.

Soy autónomo, padre de familia numerosa, llevo más de media vida junto a Natalia y aún me llevo bien con mis suegros. Si a todo esto le sumas que soy del Athletic Club de Bilbao y nos hemos pasado casi cuarenta años sin ganar un título importante, ¿necesitas alguna evidencia más de mi actitud positiva? Sobre lo de «inteligente» lo dejaré de momento al margen. Por si acaso, te sigo contando algunos logros.

Sales manager in footwear business. Vamos, que gestioné el negocio familiar de venta de calzado en mercadillos durante más de quince años.

Lo que aprendí trabajando en los mercadillos lo apliqué a la hora de estudiar la licenciatura de Psicología en la UNED, y así logré aprobar curso por año mientras trabajaba unas setenta horas a la semana. Descubrí que, aunque tuviera mala memoria o leyera lento, si aplicaba una buena estrategia, podría lograr grandes resultados.

Convencí a un doctor en Ingeniería Mecánica y de Materiales para lanzar el primer curso de Felicidad y Productividad en una universidad española, la Universidad Politécnica de Valencia (UPV). Siempre te estaré agradecido, amigo David Juárez, por tu generosa inconsciencia.

Más tarde descubrí la programación neurolingüística (PNL) y me encantó el área dedicada al lenguaje. Creo que una cosa es que te enseñen a hablar, otra diferente es hablar bien. Las palabras no solo definen la realidad, sino que crean realidades y estados emocionales. Me formé en *practitioner* y después realicé un máster en PNL, ambos acreditados por Richard Bandler, uno de los dos creadores de esta metodología. Comprendí que, si cuidas de tus palabras, ellas luego cuidarán de ti.

En un momento de dificultades económicas y varias

noches sin dormir, decidí ofrecer al mundo el curso más valioso que estuviera en mi mano. Así fue como nació el Programa en Alto Rendimiento en Productividad y Actitud Positiva, una formación de la que han disfrutado más de quinientas personas y que me apasiona tanto que seguiré impartiéndola aun cuando tenga libertad financiera.

Confieso que me daba miedo hablar en público, y ante la cámara ya era pánico. Imagínate cuando fui a convencer a los dueños de una cadena de televisión para que me dejaran hacer un programa de desarrollo profesional y personal (estaba acongojado). Siempre estaré agradecido a Intercomarcal TV por confiar en mí (antes incluso de que lo hiciera yo). Gracias a ellos grabamos más de doscientos programas de *Actitudes Positivas*, por los que han pasado invitados como Borja Vilaseca, Sergio Fernández, Rafael Santandreu, Anxo Pérez, Francisco Alcaide, Alejandro Hernández Seijo, Andrés Pérez Ortega y un largo etcétera de grandes profesionales.

Todavía no he logrado jugar en el Athletic, pero he conseguido colaborar con multitud de universidades y escuelas de negocio, como el Máster en Dirección de Marketing y Comunicación de la UPV; los MBA de FEDA Escuela de Negocios y de Aquora Business Education; el Programa Superior de Coaching y Liderazgo Digital, de Fundesem y Brandty; o el curso de Inteligencia Aplicada en la Universidad de Alicante.

He de confesar que sigo trabajándome el síndrome del impostor, y siento que me pasan cosas maravillosas sin que aún las merezca. Es curioso pasar de circular con un furgón repleto de zapatos a impartir conferencias a medias con una de las mentes más brillantes de este siglo como es Juan Carlos Cubeiro. O conocer a las personas que hay detrás de los personajes mediáticos, como el amigo Victor Küppers, que he comprobado que es aún mejor persona que ponente, y eso es mucho decir.

La vida me ha enseñado que los tesoros más valiosos están al otro lado del miedo y me ha regalado momentos increíbles como estos:

- Participar en directo en el programa *Tiempo de Juego* de la cadena COPE (con más de millón y medio de oyentes), con profesionales que llevo escuchando toda la vida, como Paco González, Pepe Domingo Castaño y Manolo Lama.
- Colaborar con una de mis voces favoritas de la radio, Elena Morales, en sus programas *A vivir que son dos días* y *Hoy por hoy* de la Cadena SER para toda la Comunidad Valenciana.
- Grabar más de ciento cuarenta *Píldoras de Actitud Positiva* junto a mi querido Álex Tango para MQR, llegando a personas de todo el mundo a través de iVoox.
- Montar una «showferencia» (mitad conferencia, mi-

tad *show* musical) con uno de los mejores raperos de habla hispana, Abram.

- Compartir escenario con uno de los grandes mentalistas de España, Toni Bright, con nuestra conferencia espectáculo «PositivaMente».

A lo largo del libro, comparto los aprendizajes más valiosos de los últimos años dedicados a la psicología aplicada a la empresa, de cientos de conferencias impartidas por toda España y algunas de las principales ciudades de Colombia, trabajando con multinacionales y pymes de distintos sectores, además de las aportaciones personales de los grandes profesionales que he tenido la suerte de conocer.

Mil gracias a todos los que os habéis cruzado en mi camino, este libro contiene una parte de cada uno de vosotros.

1

RESPONSABILIDAD
Toma el volante de tu vida

> Tal vez no pueda cambiar el mundo,
> pero sé que puedo cambiar mi mundo.

En todo grupo de personas suele aparecer un idiota que todo lo sabe. Da igual que se hable de política, fútbol, economía o física cuántica, normalmente, aparece un listillo que acostumbra a luchar por tener razón. Lo reconozco. Durante casi toda mi vida yo he sido el discutidor que tenía que llevar razón. Incluso cuando en el fondo sabía que no la tenía, luchaba cuando menos para rebatir y cuestionar los argumentos del otro; es lo que tiene tener mucha experiencia en disputas, que desarrollas tu habilidad de convertirte en insoportable con tal de ganar el debate.

Voy a poner un ejemplo para que se entienda con facilidad. En una época en la que en mi negocio las cosas iban mal, si tú hablabas conmigo, te daba clases magistrales de qué hacer con un negocio, aunque los resultados me estuvieran demostrando que mi teoría era cuestionable. Hasta que una vez me hicieron una pregunta que me ayudó a abrir los ojos:

«¿Tú qué prefieres: ser feliz o tener razón?».

En aquel momento pensé: «Vale, tendré razón, pero mi negocio va fatal. Que me den la razón no cambia nada. Tal vez sea más inteligente prestar más atención a los resultados que a las opiniones. Si otras personas, en un contexto parecido al mío, están obteniendo mejores resultados, igual sería bueno escuchar y considerar su punto de vista». Es aquí donde se requiere «sincera humildad» para cuestionarte tus creencias, y «apertura mental» para escuchar otras opiniones que puedan ayudarte a afrontar tu situación actual con enfoques más adaptativos y así poder obtener mejores resultados.

Te lo dice alguien que tiene una licenciatura en Victimismo y un máster en Arrogancia. Dejé de estudiar a los quince años y si hasta los veintisiete, que volví a retomar los estudios, me hubieras preguntado por qué los había abandonado, ¿sabes qué te habría respondido?: «Por culpa de mis padres». Y te habría expuesto un montón de argumentos lógicos y demostrables, también podemos llamarlos excusas, de por qué a mis tres hermanos se lo habían puesto más fácil que a mí.

Y así con muchas otras facetas de mi vida. Por ejemplo, estuve vendiendo zapatos más de diez años en lugares como Alberic, Carcaixent, Alzira, Benifaió, Silla, Sueca y Algemesí, pero nunca hablé valenciano. Si me hubieras preguntado por qué, mi respuesta sería otro montón de argumentos lógicos, veraces y demostrables: «Nací en Elda y allí no se habla valenciano. Vivo en Villena y allí tampoco se habla. Estamos en España... De todos modos, me entienden», etc.

Pero la verdadera razón por la que no hablaba valenciano era que me daba vergüenza porque lo hacía fatal y, como me daba vergüenza, nunca lo practicaba, y, como nunca lo practicaba, nunca mejoraba.

Sin embargo, la vida es muy generosa y siempre nos da oportunidades para que «despertemos» de nuestro ego y seamos más auténticos, aprendamos a vivir sin miedos absurdos o tratando de impresionar a los demás para demostrar que somos valiosos. A mí la vida me mandó a dos chavales que un día se pararon enfrente de mi puesto de zapatos, y uno le dijo al otro: «Oye, oye. Anem a vore al negre eixe que parla valencià» («Oye, oye. Vamos a ver al negro ese que habla valenciano»). Rápidamente me di cuenta de que estaban hablando de mi buen amigo Jimmy, un compañero senegalés que se había jugado la vida en el estrecho para llegar a España, que había dejado a su mujer y a sus hijos, viniendo a nuestro país casi sin nada. Comenzó vendiendo por las calles y, de lo poquito que ganaba, una parte la enviaba a casa para mantener a su familia y la otra la reinvertía en su negocio. Consiguió comprar una furgoneta vieja para poder desplazarse de un sitio a otro y le fueron dando los puestos en los mercadillos que nadie quería. Así, poco a poco, fue haciendo crecer su negocio. Aprendió a hablar español (imagínate que tuvieras que aprender senegalés), y cuando ya había aprendido nuestro idioma, le dijeron: «Disculpa, pero aquí solemos hablar valenciano». ¿Y qué hizo él? Aprendió a hablar un valenciano tan fantástico que aquellos dos niños alucinaban tanto que querían ir a verlo y escucharlo. ¿Y sabes qué era lo mejor de todo? Que por donde te veía, te daba un abrazo y te preguntaba con una sonrisa blanca resplandeciente: «Fabián, ¿te ayudo en algo?».

Aquel día que escuché a esos niños hablar de mi amigo Jimmy desperté, y lo primero que sentí fue vergüenza por mi actitud durante tantos años en los que me había estado excusando para ni siquiera intentarlo. Vergüenza por decir que yo no había estudiado por culpa de mis padres, cuando aquel chico senegalés había conseguido hacer muchas más cosas que yo en la vida con circunstancias diez veces más complicadas que las mías. Ese día comprendí que la vida se puede vivir de dos formas: desde el victimismo o desde la responsabilidad.

Al victimista AM es muy fácil reconocerlo, ya que le caracterizan este tipo de comportamientos:

- Se queja a menudo.
- Utiliza con frecuencia la palabra «culpa» y le encan-

ta señalar con el dedo a los demás o a las circunstancias.

- Culpa a los demás de cómo se siente. Dice cosas como: «Me pone de los nervios» o «Me han fastidiado el día».
- Asume el rol del pobre de mí (yo soy el bueno y soy una víctima).
- Muestra actitud de pasividad ante la vida (siempre le están pasando cosas).
- En definitiva, es veleta, ya que sus emociones y sus resultados dependen del viento que sopla a su alrededor (entiéndase como viento las circunstancias o los demás).

En el otro lado, al responsable FM también se le puede detectar de un modo sencillo por este tipo de comportamientos:

- Apenas se queja o critica.
- En lugar de «culpa» (que es como si fuera un cubo de estiércol), utiliza la palabra «responsabilidad».
- Entiende que no es una cuestión de buenos o malos. Que en toda relación, si algo no funciona, cada uno tiene su parte de responsabilidad, y él asume la suya (decía Gandhi que no debemos olvidar que cuando señalas a alguien con un dedo hay tres que apuntan hacia ti).
- Tiene una actitud de proactividad ante la vida (pien-

sa cómo quiere que sea su vida y actúa para tratar de acercarse a ella).

- Se responsabiliza de sus emociones, ya que es consciente de que los demás dicen o hacen cosas, pero como él se lo toma como una responsabilidad suya: «Me puse nervioso con lo que dijo» o «No supe gestionar aquella situación».

- En definitiva, es velero, ya que, en lugar de quejarse del viento, orienta sus velas para aprovechar la fuerza y dirigirse allí donde desea.

Elegir si deseas tomar el volante de tu vida y vivir desde la responsabilidad (en frecuencia FM) o, por el contrario, dejarte llevar por las circunstancias y los demás y vivir desde el victimismo (frecuencia AM) determinará tus resultados profesionales y personales.

1. Las tres variables que explican tu felicidad

> Soy el amo de mi destino,
> soy el capitán de mi alma.
>
> WILLIAM ERNEST HENLEY

Todos deberíamos tener un amigo motivado. Es de esa clase de personas que siempre son capaces de ver el lado bueno de las cosas, que a menudo están de buen rollo. Son esas personas que, cuando estás un rato con ellas, ves tu vida y la vida en general de una manera más positiva.

Yo tengo varios amigos muy positivos, pero hay uno que destaca. Es «mi amigo, el motivado». Hay pruebas irrefutables de ello: es feliz y es del Hércules (un club de fútbol de Alicante que no le da muchos motivos que celebrar). Es muy feliz y se lleva a su suegra de crucero (la primera vez le dijo a su pareja: «Ni de broma se viene tu madre». Ahora lo cuenta entre risas mientras destaca las ventajas de ello, o lo que él cree que son ventajas). Un día, otro amigo mío me dijo: «¿Qué le pasa a tu amigo, el motivado? El lunes pasado, a las ocho de la mañana, me crucé con él por la calle y me saludó como si el Hércules hubiera marcado un gol (cosa poco frecuente). Pero es que luego lo vi entrar a la oficina y saludó una a una a las cinco chicas que trabajan con él chocándoles la mano, como hacen los jugadores de la NBA. Eso no es normal. ¿Qué desayuna este tío?».

Desgraciadamente, esto no es lo normal, no es lo que nos encontramos en nuestro día a día laboral, no vemos a personas que vayan desprendiendo felicidad y buen rollo por donde pasan. Casos como el de mi amigo, el motivado, me llevan a plantearme una pregunta: ¿hasta qué punto esto de ser feliz y tener este buen rollo se hace o se nace con ello? Afortunadamente, he encontrado respuesta desde un enfoque científico por parte de una persona que ha investigado durante años sobre qué variables explican nuestra felicidad. Por el apellido, podrás intuir que debe ser una chica originaria de Albacete o alrededores; se trata de Sonja Lyubomirsky.

Esta prestigiosa investigadora, tras los resultados de múltiples estudios, señala en su libro *La ciencia de la felicidad* que hay tres variables que explican nuestra felicidad: la genética, las circunstancias y la actitud (cómo pensamos y nos comportamos ante lo que nos sucede).

La Dra. Lyubomirsky nos aclara que estas tres variables componen nuestra felicidad, pero que cada una de ellas tiene un peso diferente a la hora de explicarla.* Es decir, unas variables influyen más que otras en nuestra felicidad.

Te propongo un juego: me gustaría que pensaras y escribieras qué porcentaje de importancia le darías a cada una de estas variables a la hora de explicar nuestra felicidad. En total tiene que sumar cien. A modo de ejemplo, si yo pensara que las circunstancias es lo más importante, podría darle un 10 por ciento a la genética, a las circunstancias un 80 por ciento y a la actitud otro 10 por ciento.

Tómate unos segundos y escribe tus porcentajes:

La genética _____ %
Las circunstancias _____ %
La actitud _____ %

* Sonja Lyubomirsky, *La ciencia de la felicidad*, Barcelona, Books4Pocket, 2011.

Si lo tienes ya, vamos a ver los resultados de los que nos habla Sonja y así podrás contrastarlos con los que has puesto. Según los estudios de esta doctora, la genética explica un 50 por ciento nuestra felicidad; las circunstancias, un 10 por ciento, y la actitud, un 40 por ciento.

Es probable que te hayan sorprendido los porcentajes y, si no has acertado, no te preocupes, cuando hago este juego en algunas de mis conferencias y formaciones, menos de un uno por ciento de los participantes coinciden con los resultados de la Dra. Lyubomirsky.

Para saber cómo estudian la incidencia genética, he de decirte que lo hacen investigando a gemelos homocigóticos, que son aquellas personas con mayor carga genética similar en relación con otras personas. Algunos de ellos son separados al nacer y se crían en circunstancias muy diferentes y, sin embargo, manifiestan índices de felicidad bastante semejantes.

Con todo, para mí, lo más importante de este estudio, como de cualquier otro, es hacer una lectura inteligente y sacar aprendizajes que nos puedan ser útiles para nuestro día a día. Más allá de si estamos de acuerdo o no con los porcentajes, me quedaría con las siguientes reflexiones:

¡Importante!

La genética y las circunstancias influyen en tu felicidad, pero no la determinan.

No podemos elegir nuestra genética, o al menos no de momento. Tampoco podemos elegir nuestras circunstancias. Lo único es que, en función de cómo respondamos ante ellas, estaremos favoreciendo que nos surjan unas u otras nuevas circunstancias. Lo que sí podemos elegir es nuestra actitud, la variable que en un 40 por ciento hace que nuestra felicidad dependa sí o sí de nosotros mismos, y es en la que hemos de volcarnos. Porque, aunque un 40 por ciento no parezca mucho, yo creo que no es lo mismo tener un día de 3 que un día de 7. No es igual tener una vida de 4 que una vida de 8. Y es en tu actitud donde te invito a que dediques tu tiempo, tu atención y tu energía para tener la mejor de las vidas posibles, para conectar con tu lado FM, para ser tu mejor versión cada uno de tus días. Esta es una bonita responsabilidad.

«No elegimos qué cartas nos tocan en la vida,
pero elegimos cómo aprender a jugarlas».

He de reconocer que yo no tengo la genética de mi amigo, el motivado. Hay días que me levanto, y, por el motivo que sea, siento cierto miedo, o estoy más bajo de ilusión. Es justo en esos momentos cuando me doy cuenta de que hoy mi día no va a ser de 10, pero sé que es mi responsabilidad tratar de lograr el mejor día posible. Precisamente, la palabra «responsabilidad» viene de «habilidad de responder», y cuando las circunstancias y la genética no nos acompañan es cuando cobra más importancia elegir buenas respuestas. Es lo que marca toda la diferencia, nuestra actitud ante la adversidad. Especialmente en los días complicados, elige conectar con tu frecuencia FM (FelizMente).

2. Las excusas no ganan partidos

Cada persona tiene sus debilidades, y he de reconocer que una de las mías son las panaderías. Si, además, vives en Villena (Alicante), con gran tradición en hornos con una bollería y panadería exquisita, la combinación se vuelve peligrosa.

Recuerdo que un día, al entrar en uno de estos despachos, la dependienta me recibió de un modo inesperado. Al verme, me dijo: «Joer, siempre vienes cuando acabo de fregar». Inmediatamente se me puso cara de sorpresa, y lo primero que pensé fue: «Discúlpame por venir a comprar». Sentí el deseo de decirle: «Qué lástima que una persona con tanto talento comercial esté aquí desaprovechada en este despacho» (imagino que intuyes mi ironía). Lo que hice fue pedir, pagar e irme. Y cuando volvía hacia mi casa, pensé: «Qué pena que con el tiempo, esfuerzo y dinero que cuesta levantar un negocio, se pueda ir al garete por no poner a alguien con una buena actitud para atender a los clientes». Como te imaginarás, en la actualidad ese negocio no sigue abierto. Y si les preguntas a los dueños, y especialmente a aquella dependienta, por qué no funcionó la panadería, intuyo que la respuesta no sería muy diferente de la que me encuentro a diario en muchas empresas, pymes y proyectos emprendedores:

- «Es que con la crisis que hay…».
- «Es que los grandes supermercados tienen los precios tirados y con eso no puedes competir».
- «Es que la gente ahora no gasta igual, no hay alegría con el dinero».
- «Es que cuesta mucho mantener un negocio abierto. El Gobierno te hunde a impuestos».
- «Es que el precio de las harinas y del resto de materias primas cada vez es más caro».
- «Es que no hay ayudas para el sector».

¿Te suenan todo este tipo de argumentos?

Lo curioso del asunto es que esta clase de personas se consideran realistas, ya que todas estas afirmaciones son ciertas. O al menos son una parte de la realidad.

Paradójicamente, en la misma ciudad, en la misma época de crisis, ubicado en un barrio a menos de quinientos metros del supermercado más grande de Villena, puedes encontrar la panadería La Delfina. La persona que heredó el negocio de sus padres y se dedica a hacer los panes y la bollería se llama José, alguien a quien le tengo un gran aprecio y admiración. Mientras el anterior despacho que os he mencionado cerraba sus puertas, el problema con el que se encontró José es que no le daba tiempo a fabricar todo lo que vendía, pues tenía un segundo local en otra parte de la ciudad de lo bien que le iba el negocio.

Cuando le preguntaba cuáles eran las claves de su éxito, me respondía que su competencia no son las grandes superficies con un producto de baja calidad a precios muy bajos, ya que contra eso no se puede competir. La clave es aportar algo diferente, un valor añadido desde las materias primas, en los procesos de elaboración y, por supuesto, en las personas que atienden a los clientes. Al escucharle, recordé esta frase:

«No temas a la competencia, teme a tu incompetencia».

Cómo cambian los resultados cuando percibes y te relacionas con la realidad de un modo diferente. Yo lo he vivido en primera persona. Pasé de quejarme por vender zapatos en los mercadillos a conversar en mi coche con Toni Nadal (tío y exentrenador del mejor tenista de toda la historia en España, y tal vez del mundo: Rafa Nadal). Recuerdo algo que dijo aquel día y que le ha repetido a su sobrino desde que era pequeño:

«Nunca una excusa te hará ganar un partido».

Lo llamativo de todo este asunto es que tanto unos como otros tienen razón, ambos son realistas, pero mientras los primeros hacen una lectura de la realidad limitante y victimista, viviendo en AM, los segundos aceptan que la realidad es la que es y tratan de jugar lo mejor posible sus cartas, buscando soluciones, viendo lo bueno de cada persona y de cada circunstancia, viviendo en FM.

La clave principal de la que me hablaba el gerente de La Delfina la aprendí cuando mi hija Tali tenía seis años, y hubo una época en la que no quería desayunar. El colmo de un psicólogo es que no puedas convencer a tu hija para que no vaya al colegio sin desayunar. ¡Hasta que encontré la fórmula! Llegamos a un acuerdo en el que cada vez que yo le decía: «¿Cómo quieres el desayuno?», ella me respondía con su carita preciosa de duende: «Con extra exclusivo de amor».

Esta es la diferencia que marca la diferencia, la actitud con la que haces las cosas, el extra exclusivo de amor que le pones a todo aquello que haces.

3. Elige tus pensamientos y gestionarás tus emociones

> No vemos las cosas como son,
> sino como somos.
>
> JIDDU KRISHNAMURTI

Todos tenemos problemas. Lo que diferencia a las personas con actitud positiva inteligente son dos cosas:

1. Cómo les afectan.
2. Qué tipo de respuestas dan.

Una mala gestión emocional del problema influirá de forma negativa a la hora de dar una respuesta inteligente a esa situación. Desgraciadamente, no solo no nos han enseñado cómo gestionar nuestras emociones, sino que en muchos casos hemos interiorizado que es algo que no está en nuestras manos.

A ver si te suenan las siguientes frases:

- «Qué le vamos a hacer. Yo soy así».
- «Con lo que me ha dicho, ¿cómo quieres que me sienta?».
- «Cómo no vas a tener nervios con tanta gente pendiente de ti».

Como ya sabes, no es la genética lo que te impide gestionar tus emociones ante este tipo de situaciones, sino que son tus creencias las que especialmente te pueden limitar. Por supuesto que hay variables genéticas que nos influyen en nuestra capacidad de gestión emocional, pero en gran medida podemos aprender, entrenar y desarrollar esta habilidad.

Por todo esto, hay una creencia que es muy importante interiorizar y me gustaría que tatuaras en tu mente y en tu corazón:

«Nadie te puede hacer daño emocionalmente».

La gente dice o hace cosas. Cómo te lo tomas es una responsabilidad tuya.

Dicho de otro modo:

«Eres el principal responsable de cómo te sientes».

¡Ojo! He dicho responsable, no culpable. No se trata de que te juzgues. El objetivo es que comprendas cómo funcionas y sepas cómo gestionarte de la mejor forma posible para obtener los resultados que deseas.

Claro está, lo que otros te digan o hagan te puede influir, pero no determina tus emociones, ya que la variable más importante es cómo tú lo gestiones. Habrá personas en FM que facilitarán que te sientas bien, y personas que estén en frecuencia AM que tratarán de perturbarte. Otra cosa diferente es que tú se lo permitas o, por el contrario, tengas herramientas y entrenamiento suficiente para saber cómo gestionarlo y que apenas te afecte.

Vamos a ver un ejemplo práctico para que lo compruebes por ti mismo. Imagina que estamos en un aula junto a cuarenta personas más y, de repente, entra por la puerta alguien que no conocemos y nos dice: «Sois todos unos inútiles». Ante este ataque, nos encontraremos básicamente dos tipos de respuestas:

1. A los que se les hincha la vena en el cuello, se irritan y dicen: «Conmigo no se mete ni Dios. ¿Tú quién eres para insultarme?».
2. Y los que apenas se inmutan, ya que piensan: «Está dando información de él, no de mí. Tendrá un mal día».

Es curioso, porque a todos nos ha dicho lo mismo, pero mientras unos se sienten superofendidos y pueden llegar a perder los papeles, a otros no les afecta lo más mínimo y permanecen en paz. Pero si les ha dicho lo mismo, ¿cómo es que cada uno se siente diferente? Por un sencillo motivo: porque cada uno tenemos nuestro propio filtro.

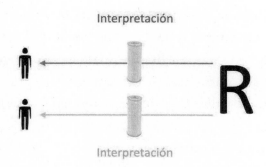

Esquema sobre cómo procesamos la realidad.

En este esquema, «R» se refiere a la «realidad», lo que nos sucede. En este caso, es que alguien entra en la clase y nos llama inútiles. A la izquierda, esos dos muñequitos representan a dos de las personas a las que las han llamado inútiles. Entre la «R» y los dos muñequitos verás que cada uno tiene un filtro en medio. El filtro representa las creencias, experiencias previas, estado emocional actual (por ejemplo, si estás muy cansado, ves las cosas de otro modo), etc., que condiciona la forma en la que vemos lo que nos ocurre, y según el filtro que tengamos haremos una interpretación u otra.

¡Importante!

La clave no es lo que te dicen o hacen, sino la interpretación que tú haces.

Y hacer una interpretación u otra es responsabilidad cien por cien tuya, es decir: ¡eres libre! Tus emociones no dependen de los demás, sino de cómo las gestiones tú. Y esta es una de las principales claves para conectar con nuestra frecuencia FM: aprender a hacer interpretaciones inteligentes (que te ayuden a sentirte mejor y ser más eficiente).

Es más, te voy a mostrar otra evidencia de que tu estado emocional no depende de lo que dice o hace el otro. Hay días en los que te dicen algo y apenas te afecta, y, sin embargo, otro día el mismo comentario te afecta mucho más. Si el poder estuviera en el otro, te tendría que afectar siempre igual, ¿no? La diferencia está en que, en ocasiones, por diversas causas (cansancio, irritación, etc.), haces una interpretación menos inteligente y eso genera que te afecte con mayor intensidad.

A cómo desarrollar el gran superpoder de la gestión emocional voy a dedicarle el capítulo 6 completo, pero, por ahora, me encantaría que interiorizaras que el principal responsable de tus emociones eres tú, y que gestionando bien los pensamientos y la conducta puedes diseñar el estado emocional que desees.

4. Una herramienta para gestionar problemas y revolucionar tus resultados

> No le pidas a la vida menos problemas, pídele aumentar tu capacidad para saber afrontarlos.
>
> ANÓNIMO

Cuentan que cuando era joven, Richard Branson, actual dueño del Grupo Virgin, quería tomar un avión desde las Islas Vírgenes hacia Puerto Rico, cuando le informaron de que el único avión que salía ese día hacia su destino se había cancelado. Pronto se amontonaron el resto de los pasajeros de su vuelo para reclamar y quejarse por lo sucedido, pero el joven Richard hizo algo diferente. Se acercó a otro mostrador y preguntó si era posible fletar un vuelo chárter para ese mismo día hasta Puerto Rico. Le respondieron que, si lo pagaba, por supuesto. Preguntó el precio, el número de pasajeros que cabían en ese avión y pidió una pizarra prestada para escribir lo siguiente: «Vuelo hoy a Puerto Rico por treinta y nueve dólares». No solamente logró llegar a su destino, sino que además el viaje le salió gratis.*

Hay una pregunta que he hecho a más de cinco mil personas entre cursos y conferencias: ¿hay alguien en esta sala que no tenga nunca ni una sola preocupación?

De esos miles de personas, solo dos me respondieron afirmativamente. La primera vez fue en un instituto. Un chaval de unos quince años levantó la mano y dijo con un tono divertido: «¡Yo, yo, yo!». Lo cierto es que parecía decirlo más bien para divertir a sus amigos que porque fuera cierto. La segunda persona fue una señora mayor, que en una conferencia respondió: «¡Mi marido! Mi marido nunca se preocupa por nada». Su esposo, con cara de buena persona, encogió los hombros, sonrió y no dijo nada.

Quitando estas dos excepciones, y tal y como afirma el físico teórico Jyri Kuusela,** el cerebro humano procesa diariamente unos sesenta mil pensamientos, de

* Richard Branson, *Hagámoslo: las claves del éxito del fundador de Virgin*, Córdoba, Arcopress, 2008.
** Extraído de *La Región*: <https://www.laregion.es/articulo/salud/cerebro-trabaja-siempre-y-procesa-dia-60-000-pensamientos/20150818160247562514.html>.

los cuales el 94 por ciento se repiten y el 80 por ciento de ellos son negativos. Es decir, parece natural e inherente al ser humano el tener preocupaciones. Si hemos de convivir con preocupaciones a diario, nos interesaría disponer de herramientas que nos permitan gestionar estas preocupaciones y problemas de un modo inteligente y efectivo.

Una de las herramientas más prácticas que he descubierto en estos últimos años para desarrollar nuestra API y conectar con nuestro lado FM es la zona de influencia.

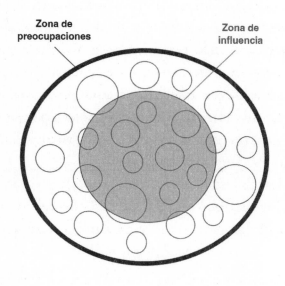

Herramienta de la zona de influencia.

Imagina que el círculo grande representa nuestra cabeza, los circulitos del interior, nuestras preocupaciones, y que a mayor tamaño de dichos círculos, mayor tamaño de la preocupación.

Dentro de nuestra cabeza conviven preocupaciones del trabajo, la familia, los amigos, incluso de nuestros hobbies (sí, el ser humano tiene una gran capacidad para fastidiarse la vida a sí mismo). Pero lo que diferencia a los «cracks FM» es cómo gestionan sus preocupaciones. Todos ellos invierten su tiempo, su atención y su energía en la zona de influencia, que es la parte sombreada y que abarca los problemas o preocupaciones sobre los que tenemos poder de actuación.

¡Ojo! No me refiero a si el problema en cuestión nos afecta o no, de lo que hablo es si podemos hacer algo al respecto. Por ejemplo, que suba el IVA, ¿nos afecta a nivel económico? Por supuesto, ya que aquello que compremos nos resultará más caro (los zapatos, los pantalones, la chaqueta, etc.).

¡Importante!

Todos los «cracks FM» que conozco, incluido Richard Branson, coinciden en algo que los diferencia de la mayoría: cómo invierten su tiempo, atención y energía. Todos ellos se centran en su zona de influencia.

La pregunta clave para saber qué está en mi zona de influencia es: ¿qué puedo hacer yo?

Si no hay nada que yo pueda hacer, solo me queda la aceptación (una herramienta fantástica que trabajaremos más adelante en este libro).

Si encuentro una lista de posibles acciones que podría llevar a cabo, tendría una segunda pregunta importantísima que responder: según mi rol en esta situación (como padre, amigo, jefe, compañero de trabajo, etc.), ¿qué creo que me corresponde?

A menudo, observo que las personas cometen dos tipos de errores muy comunes:

1. Dedicar su tiempo, atención y energía a aquello que está fuera de su zona de influencia. Las consecuencias de este comportamiento son muy negativas: frustración, desilusión e incluso «indefensión aprendida»,* bajar los brazos ya no solo ante ese problema, sino en general.

2. Hacer cosas que no le corresponden a su rol. Por ejemplo, yo podría hacer los deberes a mis hijas, pero no les estaría inculcando mi deseo más profundo: que sean lo más autónomas posible a todos los niveles. Cuando asumo un rol que no me corresponde, suelo generar desajustes en el sistema e im-

* Explicación sobre la indefensión aprendida en: <https://es.wikipedia.org/wiki/Indefensión_aprendida>.

pido que las personas de mi alrededor vivan experiencias que necesitan vivir para crecer personal y/o profesionalmente. Hace un tiempo le escuché decir a mi amigo Javier Iriondo una frase que sintetiza todo esto de un modo fantástico:

«Por mis hijas haría cualquier cosa, menos aquello que ellas puedan hacer por sí mismas».

El asumir un rol inadecuado es algo que también ocurre con frecuencia en muchos mandos intermedios. Cuando trabajamos el liderazgo en formaciones en empresa es habitual encontrarme con directivos y mandos intermedios que se quejan de escenarios que ellos mismos fomentan. Por ejemplo, se quejan de que todos en su equipo acaban trasladándoles sus problemas, pero en lugar de enseñarles a resolverlos por ellos mismos, terminan por asumirlos ellos y hacen labores que realmente no les corresponden. Lejos de delegar y educar a su gente para que sea lo más autónoma posible, ¿qué acostumbran a hacer? Se quejan, pero ellos hacen las tareas, y eso ¿qué supone? Que los integrantes de su equipo aprenden a nivel inconsciente: «Aunque tenga que aguantar sus quejas, pero si le llevo el problema, me lo quito de encima». Y como las horas de trabajo son las que son, si dedican su tiempo a hacer tareas menos importantes y que no están en sus funciones prioritarias, luego les falta tiempo para hacer lo realmente importante en su puesto: dirigir al equipo con eficiencia (definir objetivos, diseñar estrategias, crear planes de acción, realizar seguimiento, dar feedback, etc.).

5. Responsabilidad aplicada: respuestas FM ejemplares

> Pon todo lo que eres en lo mínimo que hagas.
>
> ANÓNIMO

En una ocasión, una amiga me dijo: «Cómo puede ser que, siendo de Villena, teniendo un programa de televisión que se llama *Actitudes Positivas*, nunca hayas llevado a tu programa a Antonio Ruescas». Lo conocía de vista, pero lo cierto es que no estaba al tanto de su historia personal y a qué se dedicaba. Antes de invitarlo al programa, quise quedar a tomar un café con él para ver cómo enfocar la entrevista. Y lo cierto es que hubo un antes y un después en mi vida desde aquel café, ya que, desde entonces, Antonio se ha convertido en un referente para mí por su actitud ante la vida y por su calidad humana.

Me contó que, cuando tenía diecinueve años, sufrió un accidente de tráfico y, a pesar de estar en un centro en Toledo para tratar de rehabilitarlo, el diagnóstico fue contundente: «Estarás en silla de ruedas para el resto de tu vida». Era un chaval en la flor de la vida y, de repente, se encontró en aquella situación. Yo le pregunté si no se vino abajo, y él me respondió que no, por dos razones: la primera, por su novia de aquel entonces (su actual esposa), y la segunda, por sus padres. El golpe le afectó, pero poco a poco lo fue asimilando. Un tiempo después, un conocido de su padre, Manolo, también con movilidad reducida, le dijo que tenían que hacer algo, que Villena era una ciudad totalmente inaccesible y que estaría bien montar una asociación para promover la accesibilidad en nuestras calles y edificios públicos. Y fue así como crearon AMIF en Villena. Antonio, más tarde, pasó a formar parte de la directiva de COCEMFE en Alicante, y un tiempo después lo eligieron presidente de esta Confederación Española de Personas con Discapacidad Física y Orgánica en su sede de la provincia alicantina. Desde este puesto, y a lo largo de los años, ha ayudado a cientos de personas a mejorar notablemente su calidad de vida. Pero lo mejor de todo es escuchar con qué cariño hablan de él las personas que trabajan a su lado.

En mi trayectoria profesional, he conocido a muchísimas personas, algunas de ellas mediáticas o con cargos muy relevantes, pero probablemente Antonio Ruescas sea la que ha influido en más personas de un modo tan notable y positivo. Y a pesar de ir en silla de ruedas es una persona superactiva. Nunca olvidaré lo que me dijo en aquel primer encuentro que tuve con él: «Sé que mucha gente no lo comprendería, pero te diría que fue hasta bueno lo que me pasó, ya que, si no hubiera tenido aquel accidente, seguro que no habría conocido a tanta gente que me ha aportado tanto, y no habría podido hacer todo lo que he hecho estos últimos años». Desde luego él es un gran ejemplo de esta máxima:

¡Importante!

No dejes que lo que no puedes hacer influya en lo que sí puedes hacer.

Otra persona que me impactó desde el mismo momento en que la conocí fue Fide Mirón. Primero, por su aspecto físico (padece una enfermedad rara llamada porfiria de Günther, que afecta al rostro y a las manos), pero, sobre todo, por su actitud. Desde bien pequeña le han ido tocando cartas poco favorables. Siendo niña le diagnosticaron esta rara enfermedad. Sus padres tenían la esperanza de que alguno de sus hermanos pudiera ser donante de médula ósea, pero no hubo suerte. La única solución que encontraron los médicos para ralentizar la evolución de su enfermedad fueron las transfusiones de sangre que le hacía su padre. Pero el destino guardaba aún peores cartas, ya que un accidente de tráfico no le robó solo a su padre, sino a quien compartía su sangre con ella. Fide siempre recordará el mensaje que él le repetía: «Mirada alta y a ser fuerte».

Me comentó que en el colegio no eran muy exigentes con ella, puesto que tenía frecuentes bajas e incluso algunos médicos vaticinaron que no pasaría de la adolescencia. Pero si pensaban eso es porque no conocían el carácter batallador de Fide, que no ha dejado de luchar cada día de su vida y, aunque ella sabe que nadie podrá devolverle el rostro ni las manos, lo que la motiva a dejarse la vida para que se investigue sobre esta enfermedad es poder recibir cartas como la que un señor le envió diciéndole: «Mil gracias, Fide, por tu labor. Ya que, gracias a ti, mi nieto no tendrá que sufrir todo lo que tú has tenido que padecer». No se me ocurre mejor ejemplo de API que el de Fide Mirón que, teniendo veinte mil motivos para quejarse, lo que hace es centrarse en lo que depende de ella. Es divulgadora en el campo de las enfermedades raras, las discapacidades y el mundo asociativo, pero, sobre todo, es una persona que contagia su entusiasmo y alegría. Solo hay que ver la ilusión que transmite por su nueva etapa como universitaria, y espero que pronto podamos verla en otro proyecto que la ilusiona: compartir su experiencia y aprendizajes en una charla TEDx.

Sin duda, es una persona diferente que no deja a nadie indiferente, que es capaz de perder sus rasgos faciales y poner en su web como titular: «Hay que dar la cara». ¿Se puede ser más crack FM? Yo me declaro superfán y, como le dije emocionado cuando la entrevisté en televisión, ojalá mis hijas se parezcan a ella y desarrollen una API tan bella como la suya.

Cómo desplegar tu API. Resumen para vivir en FM

- La genética y las circunstancias te influyen, pero no te determinan. Siempre puedes elegir tu actitud.
- Vive desde la responsabilidad en FM, no desde el victimismo en AM.
- Las excusas no ganan partidos. Pon un extra exclusivo de amor.
- No importa lo que te hagan o digan, tus emociones dependen de la interpretación que tú hagas.
- Céntrate en tu zona de influencia. Pregúntate: ¿qué puedo hacer yo?
- Pon todo lo que eres en lo mínimo que hagas.

Aquí puedes suscribirte a las píldoras de actitud positiva con horas de contenido extra gratuito :
https://cutt.ly/6gBHson

2

Aceptación
Fluye con las reglas del Monopoly de la vida

Señor, concédeme serenidad para aceptar todo aquello que no puedo cambiar, fortaleza para cambiar lo que soy capaz de cambiar y sabiduría para entender la diferencia.

Reinhold Niebuhr

Cuentan que tres chavales encontraron una bolsa con diez avellanas. Mientras estaban discutiendo sobre cómo podrían repartirlas, pasó por allí Nasrudín. Los chicos le pidieron ayuda para poder repartirlas de una manera justa, a lo que Nasrudín les preguntó: «Pero ¿cómo queréis que lo haga: con la justicia divina o con la justicia de los hombres?». Los jóvenes, obviamente, le pidieron que lo hiciera con la justicia divina. Tras reflexionar unos segundos, dijo el maestro: «A ti te doy ocho avellanas, a ti dos y a ti ninguna». Los chicos, incrédulos, preguntaron: «Pero ¿qué has hecho?». A lo que Nasrudín respondió: «Haceros caso. Repartirlo con la justicia divina».

Mucha gente piensa que esta historia lo que quiere transmitir es que la vida no es justa. Y aquí la pregunta es: ¿no es justa según qué criterio?, ¿el tuyo, el de tu amigo, el mío? Cada uno tendremos un criterio que consideraremos el correcto.

Hay algo que aprendí en los mercadillos que luego me ayudó mucho en diferentes áreas de mi vida:

«La vida no es ni justa ni injusta. La vida es».

La vida, como ocurre en el juego del Monopoly, tiene sus propias reglas. ¿Y qué crees que ocurriría si quisieras jugar al Monopoly, pero con las reglas del parchís? Sería un verdadero despropósito, sufrirías mucho y obtendrías unos resultados desastrosos. Pues esto es lo que nos pasa a veces, que en lugar de observar y comprender cuáles son las «reglas del juego del Monopoly de la vida», queremos imponer nuestras propias reglas, y ya te imaginas los resultados. Como dice una amiga:

«Cada vez que discuto con la vida, pierdo».

No te pelees con la vida, es mucho más sensato y eficiente observar, comprender y aceptar las reglas del juego. Desde que nacimos, nos han ido programando y nos hemos hecho unas expectativas de:

- Cómo debería ser el mundo.
- Cómo se deberían comportar los demás.
- Cómo debería ser yo.

No te imaginas cuánto he sufrido a nivel laboral porque las cosas no se hacían como yo creía que se debían hacer, por no aceptar la forma de ser de personas con las que trabajaba, incluso por pretender de mí mismo algo que nunca seré. En definitiva, quería que las «reglas del juego de la vida» se adaptaran a mis propios deseos. Como decía Anthony de Mello:

«Es más fácil calzarte unas sandalias que alfombrar el mundo entero».

Ahora bien, todo esto no significa bajar los brazos y no hacer nada; es muy importante no confundir «aceptación» con «resignación». La invitación que te hago es a practicar la «aceptación activa», es decir, comprender cómo son las reglas del juego, diferenciar qué variables están en nuestra zona de influencia, aceptar que habrá cosas sobre las que no podrás hacer nada, pero actuar allí donde puedes y crees que te corresponde.

¡Importante!

La aceptación activa supone comprender y aceptar las reglas del juego, pero sin caer en la resignación, ya que actúas allí donde puedes y te corresponde.

Ante una crisis como la generada por la COVID-19, desde un enfoque empresarial, podemos diferenciar tres tipos de reacciones, especialmente en aquellos sectores más golpeados por la pandemia:

1. Pelearse inútilmente con la realidad, propio de un AM. No acepta lo que ocurre, o bien le quita hierro al asunto y trata de seguir actuando igual que antes como si nada hubiera pasado, o sufre mucho tratando de cambiar cosas que no están a su alcance (leyes, situación general de su sector, etc.).
2. Resignación, propio también de un AM. Siente que la situación le supera y, como cree que no puede hacer nada, baja los brazos y pierde la posibilidad de actuar en su zona de influencia.
3. Aceptación activa, propio de un FM. Observa, analiza y trata de comprender el nuevo escenario. Diferencia los aspectos que están en su zona de influencia. Traza una estrategia y un plan de acción, actúa, evalúa los resultados, hace los ajustes necesarios y vuelve a actuar. Y así sucesivamente.

Como podrás deducir, la realidad puede ser la misma para dos empresas del mismo sector, pero la forma de percibir y responder ante ese mismo escenario puede ser muy diferente, y esto hará que las probabilidades de éxito sean radicalmente opuestas.

1. Una página que transformó mi forma de ver la vida

Así viene, así conviene.

Anónimo

No es que mi vida fuera un desastre, ni mucho menos. En gran medida me gustaba mi trabajo y tenía en general buenas relaciones. Pero, siendo sincero, también sufría en muchas ocasiones con determinadas circunstancias que no comprendía o me irritaban. Un día leí una página que consiguió que todas las piezas del puzle que tenía mezcladas en la cabeza encajaran, y me hizo comprender lo que me había estado sucediendo durante muchos años, marcando un antes y un después en mi vida.

El siguiente texto de Gerardo Schmedling* me generó una paz que nunca antes había sentido, me ayudó a sintonizar con mi lado FM (FelizMente). Te invito a que lo disfrutes, y más que pensar si estás o no de acuerdo, reflexiona sobre cómo te puede resultar de utilidad en las áreas de la vida en las que estés sufriendo.

Si lo deseas, puedes descargarte el texto acompaña-

* Texto de Gerardo Schmedling extraído de Borja Vilaseca, *Encantado de conocerme*, Barcelona, Debolsillo, 2013.

do de un bonito diseño en PDF en la sección Recursos extra gratuitos en <www.fabianvillena.com>. También puedes acceder a esta web a través de este código QR:

Introducción de *Encantado de conocerme*

Aquello que no eres capaz de aceptar es la única causa de tu sufrimiento. Sufres porque no aceptas lo que te va ocurriendo a lo largo de la vida y porque tu ego te hace creer que puedes cambiar la realidad externa para adecuarla a tus propios deseos y necesidades egoístas y egocéntricos. Pero la verdad es que lo único que sí puedes cambiar es la interpretación que haces de los acontecimientos en sí, conociendo y comprendiendo cómo funciona tu mente. Si tu interpretación del hecho te reporta sufrimiento es que actúas movido por la ignorancia; si te deja paz interior o te trae armonía y satisfacción, no cabe duda de que actúas movido por la sabiduría. Ante el sufrimiento, el miedo, la tristeza o la angustia, hazte una simple pregunta: ¿qué es lo que no estoy aceptando?

La respuesta te hará comprender que la limitación que origina todas estas desagradables reacciones está en tu propia mente y no en ninguna otra parte. En realidad, nadie puede hacerte daño: tu ego es el que te hace reaccionar automática y negativamente ante lo que te sucede, te dicen o te hacen. Tu ego es el único responsable de tu malestar interior, por mucho que te esfuerces en buscar culpables fuera de ti mismo.

Cuando compruebas la veracidad de estas afirmaciones a través de tu experiencia personal, dejas de intentar cambiar la realidad externa para acomodarla a las exigencias de tu ego y comienzas a trabajar sobre tu realidad interna para aprender a aceptarla tal como es. A partir de entonces, comprendes que has venido al mundo a aprender a ser feliz por ti mismo y a aceptar y amar a los demás tal como son. Este es el llamado camino espiritual.

GERARDO SCHMEDLING

¡Importante!

A menudo, tratamos de cambiar la realidad externa cuando la clave está en nuestra realidad interna, nuestras interpretaciones.

---

2. Acéptate a ti mismo

Tu ego extiende cheques que tu cuerpo no puede pagar.

La chaqueta metálica

No soy una impresora, no he venido a impresionar a nadie.

Hay pocas sensaciones más bonitas que sentirte bien contigo mismo. Y es curioso que para lograrlo la mayoría de las personas se dejan el alma en cambiar la realidad externa.

Cuentan que un hombre estaba buscando sus llaves de casa en la calle, bajo una farola. Un vecino, al verlo, le ayuda en la búsqueda y, después de un cuarto de hora buscando, le pregunta si no tenía una idea de por dónde podía haberlas perdido. El hombre le dice que las ha perdido en casa, y el vecino desconcertado le pregunta: «¿Y por qué las buscas aquí afuera?». A lo que le responde: «Porque aquí fuera hay más luz».

Resulta absurdo buscar fuera lo que está dentro, ¿verdad? Y, sin embargo, lo hacemos a menudo. Es fundamental comprender que nuestro bienestar no tiene que ver exclusivamente con lo que sucede fuera: el puesto de trabajo que tenemos, la talla de pantalón que gastamos, lo definido que tenemos el abdominal (yo al menos solo tengo uno), etc. La forma en la que te sien-

— 67 —

tes contigo mismo tiene más que ver con la forma en la que te miras. Hay dos pruebas irrefutables:

1. Hay personas que, a pesar de disfrutar de éxito externo, terminan suicidándose (por ejemplo, algunos actores, deportistas, músicos, etc., que tienen dinero, fama, un físico fantástico, reconocimiento, trabajos chulísimos...).
2. Sin embargo, hay otras personas que carecen de casi todas estas cosas y son felices.

¿Y qué hacen esas personas que son felices a pesar de no tener una vida idílica? Practican la actitud positiva inteligente:

1. Tienen una mente de preferencias, no de exigencias. Una cosa es disfrutar de algo, otra diferente es creer que se necesita para ser feliz (lo trabajaremos con más detalle más adelante en otra píldora).
2. Aceptan la realidad y a sí mismos tal como son. Puede que les gustase ser de otra manera, pero entienden que su felicidad no depende exclusivamente de ello.
3. Valoran lo bueno que tienen, hacen y son. Evitan llevarse la atención a lo negativo o a lo que les falta (te mostraré en otra píldora más adelante cómo entrenar tu cerebro para hacer esto cada vez mejor).
4. Relajan sus expectativas. Saben no autoexigirse de-

masiado con los debería de..., tendría que... Por ejemplo, a nivel laboral aceptan que no van a poder hacer todas las tareas que les gustaría, por ello son más selectivos para centrarse en realizar las más importantes y mejoran así su eficiencia.

En cuanto aprendemos a gestionar las exigencias de nuestro ego, nos convertimos en personas mucho más maduras y fuertes emocionalmente, que ya no dependemos tanto de los logros externos y simplemente disfrutamos con la persona que somos en estos momentos.

3. La esclavitud de la felicidad

> Encajar bien en una sociedad enferma es un mal síntoma.
>
> Jiddu Krishnamurti

Creo que muchos de los problemas físicos, psicológicos, emocionales, incluso fisiológicos son derivados de problemas filosóficos. Dicho de otro modo, estamos muy «atontados», nos distraemos y damos una importancia desproporcionada a cosas realmente poco importantes y, por el contrario, descuidamos las cuatro cosas que de verdad importan en la vida.

Vivimos en una sociedad en la que vamos corriendo

y lo queremos todo de manera inmediata, en la que no soportamos ni tan siquiera el aburrimiento (el horror de estar con nosotros mismos), y buscamos algo externo que calme nuestro sufrimiento interno.

Imagina que vas en el coche y, de repente, se enciende la luz roja del freno. En esta situación, lo normal sería llevar el coche al mecánico para que compruebe qué sucede y solucione el problema, ¿cierto? Sin embargo, cuando en nuestro cuerpo se enciende una luz roja (dolor de cabeza, estrés, ansiedad, insomnio, etc.), vamos al mecánico (médico, psicólogo, psiquiatra, etc.) y le decimos: «¿Ves la luz roja del freno que se me ha encendido? Quítamela». De este modo, intentamos apagar el síntoma (tomando ansiolíticos, calmantes...), pero el desajuste que lo ha provocado permanece.

Lo más probable será que el cuerpo vuelva a enviarnos otra señal para que hagamos algo y, si continuamos ignorándola, correremos el riesgo de que el freno se acabe rompiendo.

Desde mi punto de vista, con la aparición de las redes sociales como Facebook, Instagram, LinkedIn, etc., se ha extendido la idea mágica de que tenemos que estar siempre de subidón, superfelices, que todo nos va fantástico, en definitiva, que somos personas de éxito (también están los que se van al lado oscuro, insultando en Twitter a quien sea para tratar de calmar el sufrimiento que llevan en su interior).

Hace un tiempo, uno de mis clientes me escribió porque había tenido un momento de bajón, ya que al ver en Facebook lo bien que le iba a la gran mayoría pensaba que su vida era una mierda, que estaba lejos de lo que él creía que debería haber evolucionado. Hablando con él reflexionamos sobre los dos errores que había cometido:

1. Entrar en la comparación, lo que es absurdo, pues cada uno tiene unas circunstancias diferentes. Además, no hay nada de honorable en ser mejor que otro; el objetivo es ser mejor persona y profesional cada día.
2. Creerse literalmente la visión sesgada de las redes sociales.

Como dice un amigo mío:

«Nadie es tan guapo como la foto de perfil de Facebook ni tan feo como la foto de su DNI».

Si bien las noticias suelen contar solo la parte de la realidad más negativa (y sesgada según la línea editorial), en las redes sociales, a menudo, vemos solo una parte edulcorada de la realidad (asumiendo que sea realmente cierto lo que se comunica). Por ejemplo, si una empresa con cuatrocientos trabajadores cierra, posiblemente aparecerá en los titulares de las noticias, mientras que si abre es más que probable que no se le dé difusión.

En las redes sociales, sobre todo en el plano profesional, visibilizamos solo lo muy positivo. Si lanzo un curso y lo lleno, pondré una publicación destacando en rojo: «Plazas agotadas». En cambio, si lo tengo que cancelar porque no he logrado ni el mínimo de alumnos, lo más seguro es que no lo comunique.

No critico esta visibilidad sesgada, no estoy aquí para juzgar, sino simplemente creo que es importante tener madurez para saber filtrar toda esta información. Esto no es nuevo. Ya decía Mark Twain hace más de un siglo:

«Si no lees el periódico, estarás desinformado; si lo lees, estarás mal informado».

Permítete tener momentos de bajón o de mala leche, es normal vivirlos. Si nunca sintieras este tipo de emociones, tendrías motivos para preocuparte, como verás a continuación. Ahora bien, esto no quiere decir que te quedes anclado a ese estado emocional (en el capítulo 6 te daré herramientas para saber cómo gestionar esos momentos).

4. Acepta tus emociones desagradables

> No te perturbes por haberte perturbado.
>
> Borja Vilaseca

Cuenta Tal Ben-Shahar, creador del Curso de Felicidad en la Universidad de Harvard, que, en una ocasión, un estudiante le pidió permiso para sentarse a su lado en la cafetería, a lo que accedió amablemente. El joven le preguntó si era el profesor que había lanzado el Curso de Felicidad al que asistían dos amigos suyos. Tras responder afirmativamente, el chaval le hizo un comentario que no olvidaría: «A partir de ahora debes andarte con cuidado, porque te voy a estar vigilando. Y si en algún momento te veo triste o preocupado, se lo diré a mis amigos para demostrar que lo que enseñas no funciona».

Al propio Ben-Shahar le gusta contar esta anécdota para romper con el mito de que las personas felices no padecen ningún tipo de emoción desagradable. Y, ¡ojo!, digo desagradable y no negativa, porque todas estas emociones que, *a priori*, pueden resultar desagradables, en muchos casos son positivas y adaptativas (por ejemplo, en relación con el miedo, hay contextos en que puede resultar muy adaptativo, como cuando te impide entrar dentro del recinto de los leones en un zoo).

De hecho, este gran experto en felicidad de origen

israelí explica que solo hay dos tipos de personas que no padecen estas emociones desagradables: los psicópatas y los muertos.

¡Importante!

Cada vez que sentimos emociones desagradables es una buena noticia, ya que significa que no somos unos psicópatas y que estamos vivos...

Por todo esto, es importante no sentirte mal por experimentar estas emociones desagradables ni tratar de bloquearlas, ya que según indica el profesor Ben-Shahar: «Por el mismo tubo que salen las emociones agradables salen las desagradables, así que bloquearlas es contraproducente».* Cuando tratamos de reprimir estas emociones, lo que hacemos es negar nuestra naturaleza, ya que lo ideal es aceptarlas y saber gestionarlas dejándolas fluir sin quedar atrapados en ellas.

En muchas formaciones dentro de las empresas, me encuentro con el «sufrimiento en bucle»: los que se perturban por haberse perturbado. Son aquellas personas que se juzgan a sí mismas y se sienten mal por haberse sentido mal. Probablemente es porque es-

---

* Entrevista realizada por el BBVA en su proyecto #Aprendiendojuntos a Tal Ben-Shahar, «La ciencia de la felicidad»: <https://www.youtube.com/watch?v=0vTxfrNY8kU&t=12s>.

tamos influenciados por esas creencias que nos han inculcado por las que somos malas personas si sentimos envidia, celos, rabia, ira, etc., cuando son emociones totalmente naturales que casi todos vamos a sentir (ya conoces las dos excepciones). Lo importante, como ya hemos comentado, es aceptarlas y tener herramientas para saber gestionarlas, algo que veremos en el capítulo 6.

5. Acepta a los demás

> No intentes enseñar a cantar a un cerdo,
> perderás el tiempo e irritarás al cerdo.
>
> Anthony de Mello

Durante más de quince años trabajé seis días a la semana en el mercadillo junto a mi madre. Es una de las personas que más quiero en la vida, y también probablemente con la que más he discutido. A menudo, me molestaban cosas de ella que con el tiempo descubrí que eran un espejo de mí. Decía de ella que era muy mandona, egocéntrica, cabezona y cansina. Cualidades que procuro trabajarme porque me he dado cuenta, con el paso de los años, de que son áreas de mejora en mí. En definitiva, el principal motivo por el que discutía tanto con ella era porque no aceptaba su forma de ser y quería cambiarla.

Te voy a poner un ejemplo típico de cómo era nuestro día a día. Si ella quería tomarse una horchata, por su programación no podía hacerlo sin ofrecérmela unas ochenta y cinco veces. Me decía: «Fabi, ¿quieres una horchata?». A lo que yo le respondía: «No me apetece, gracias». Ella contratacaba: «¿Estás seguro? ¡Con el calor que hace!». Mi respuesta volvía a ser la misma. Pero ella no se daba por vencida: «¿No quieres que te traiga una horchata fresquita?». En esos momentos, yo demostraba mi falta de paciencia y de control y ya le respondía con malas formas: «Déjame tranquilo. Te lo he dicho ya tres veces. Tómatela tú si quieres, pero déjame en paz a mí». En esos momentos, y más para nuestros compañeros de trabajo que para mí, mi madre decía: «Hay que ver, encima que le ofrezco una horchata, mira cómo se pone». Se iba para la heladería y ¿adivinas con qué venía? Por supuesto, con dos horchatas.

En ese momento a mí se me ponía la vena en el cuello y decía cosas como: «Es que no me respeta. Me pregunta cinco veces para hacer lo que la da la gana». Ella, entonces, a los compañeros de al lado, les decía: «Encima que le traigo una horchata, mira cómo se pone». Y en lugar de la horchata, yo me tomaba un «chupito de cianuro».

Con los años comprendí que mi madre lo hacía lo mejor que sabía. Que ella tiene su naturaleza como yo tengo la mía. Incluso entendí que su intención en el fondo era positiva hacia mí. Me di cuenta de que su manera de comportarse no tenía que ver conmigo (esto lo hacía también con el resto de personas de su alrededor), era el fruto de lo que le habían enseñado y de las experiencias que había pasado a lo largo de su vida. Y en lugar de intentar cambiarla, busqué la forma de relacionarme con ella lo más inteligente posible. Gracias a ella, una de mis grandes maestras de la vida, aprendí que:

¡Importante!

No puedes cambiar a nadie, pero sí que puedes cambiar la forma en que te relacionas con la otra persona, y eso seguro que ejerce un cambio en vuestra relación.

Si te cabreas porque una jirafa se comporta como una jirafa, el problema lo tienes tú. Nos pasa a menudo que intentamos que la jirafa se comporte como un elefante, y cuando no lo hace, encima nos molestamos. Muy lógico todo. La clave está en comprender cómo es y cómo funciona la jirafa para relacionarnos con ella de la forma más inteligente posible.

Tras aprender todo esto, cuando mi madre me insistía en traerme una horchata, yo jugaba con el humor. Le decía: «Qué poder de convicción tienes. Hace diez segundos no me apetecía, pero ahora me has convencido. Por favor, tráeme tres horchatas». Ella, al percibir mi ironía, se iba para la heladería y volvía… ¡Por supuesto, con dos horchatas! Pero en lugar de cabrearme por ello, entendía que mi madre es mi madre, y así tal como es, me parece fantástica.

A nivel laboral, me he encontrado con infinidad de personas que sufren porque quieren cambiar a su jefe, o a su compañero de trabajo, o la forma de ser de su cliente, etc. Es muy propio de alguien que está en AM. ¿Y te imaginas el resultado? Simplemente piensa cómo te sientes tú cuando alguien te quiere cambiar. Lo más habitual es que levante tus defensas y logre el efecto contrario. Y es en este punto cuando me suelen decir: «Ya, Fabián. Entonces ¿qué quieres que haga?, ¿los dejo así y ya está?».

Te invito a otra reflexión sobre cómo se comportaría un FM ante una situación así: ¿qué sucede cuando sientes que alguien te comprende y no te juzga? Lo lógico es que esa persona automáticamente ya tenga mayor poder de influencia en ti que quien te juzga, y, además, si de verdad te ha comprendido, tendrá un mejor conocimiento para saber cómo tratarte, de tal modo que logre mayores cambios en vuestra relación que si simplemente te juzga y trata de imponer sus cambios.

6. Una técnica de aceptación para vivir en FM

*La forma más elevada de inteligencia humana
es la capacidad de observar sin juzgar.*

JIDDU KRISHNAMURTI

Como ya te comenté al inicio del libro, hace años me convertí en director general del universo. Era una labor de gran responsabilidad, ya que en concreto me dedicaba a juzgar constantemente:

• Cómo tenía que ser el mundo.
• Cómo se tenían que comportar los demás.
• Y cómo lograr mi yo ideal.

¡Importante!

Las cualidades que muestra que alguien vibra en frecuencia AM es su necesidad de juzgar.

Un día desperté y me di cuenta de que ya no quería sufrir más de modo innecesario, que ese cargo ya no me aportaba nada positivo, así que decidí dimitir. Dejé de juzgar al mundo, a los demás y a mí mismo. ¡Y cuánta paz interior gané! ¡Y cuánto lo agradecieron las personas de mi alrededor!

Es fácil decirlo, pero cuánto cuesta abandonar ese rol...

Te propongo una técnica que te ayudará a dejar de juzgarlo todo y a todos, y que bauticé con el nombre de «Mira qué curioso».

Cada vez que detectes que te estás juzgando a ti mismo o a otra persona, asume el rol de un «niño curioso» que observa, pero no juzga, como si estuviera viendo uno de esos documentales de animales del mediodía. Simplemente, empieza hablándote con un «Mira qué curioso...».

Por ejemplo:

- «Mira qué curioso cómo me he comportado en esta situación».
- «Mira qué curioso cómo ha reaccionado mi jefe».
- «Mira qué curioso cómo funciona el mundo».

Es fantástico aplicar esta técnica con nosotros mismos, ya que es bastante frecuente encontrarnos con personas que sacan al nazi que llevan dentro y comienzan a juzgarse sin piedad. En una ocasión escuché a mi admirado doctor Mario Alonso Puig decir:

> *«Si le habláramos al resto de personas de la misma forma que nos hablamos a nosotros mismos, no nos hablaría ni Dios».*

Aplicar esta técnica con otras personas te permitirá conseguir relaciones mucho más maduras y sanas, ya que facilita un clima de entendimiento. Imagina el impacto que puede tener a nivel laboral, cuando dejamos de juzgar a las personas de nuestro alrededor como:

- Nuestros compañeros de trabajo.
- Nuestros clientes.
- Nuestro jefe.
- Nuestros empleados.
- Etcétera.

Cuando conectamos con nuestro lado FM (Feliz-Mente), dejamos de juzgar a los demás, y simplemente observamos a las personas de nuestro alrededor con interés y cariño aplicando la técnica «Mira qué curioso»; es cuando cobran especial relevancia las palabras de Marcel Proust:

> *«Nada ha cambiado. Solo yo he cambiado,*
> *por lo tanto, todo ha cambiado».*

Cómo desplegar tu API. Resumen para vivir en FM

- No te pelees con las reglas del Monopoly de la vida, aprende a jugar con ellas.
- La aceptación activa te libera del sufrimiento.
- Acéptate a ti mismo. Recuerda que no eres una impresora.

- Gestiona tus expectativas.
- No busques fuera lo que tienes dentro.
- Deja fluir tus emociones desagradables. Permítete tener momentos de bajón.
- No puedes cambiar a nadie. Cambia la forma de relacionarte con los demás.
- Aplica la técnica «Mira qué curioso». Deja de juzgar y observa con curiosidad.

3

La gestión del error
Cómo crecer personal y profesionalmente

> O aprendemos a fallar, o fallamos al aprender.
>
> Tal Ben-Shahar

A finales de los años cincuenta, un joven llamado James Burke entró a trabajar como directivo en la conocida y prestigiosa compañía Johnson & Johnson.

Al poco de iniciar su andadura en esta empresa, desarrolló un nuevo producto que resultó ser un fracaso total. Fue entonces cuando recibió la llamada del general Johnson, que presidía el consejo de administración por aquella época, para que acudiera a su despacho. ¿Qué crees que pasaría por la cabeza de Burke minutos antes de entrar al despacho de su jefe? Sospechaba que, vistos los resultados, le iba a despedir.

Para su sorpresa, lo primero que recibió fue una felicitación. El Sr. Johnson le dijo: «Lo que más me cuesta es que mi gente tome decisiones y eso es lo que tú has hecho, así que te felicito». Obviamente, los resultados no eran los deseados, por eso le hizo saber que esperaba que de aquella experiencia sacara un aprendizaje para que nunca más cometiera el mismo error. Si se volvía a equivocar exactamente en lo mismo, se iría a la calle de inmediato, pero entendía que lo normal, con un puesto como el suyo, es que cometiera incluso más errores que aciertos, y le transmitió que lo importante era aprender para no volver a caer en los mismos errores.

Desde mi punto de vista, y por lo que he podido conocer, la «gestión del error» en una cultura como la norteamericana es muy diferente a como se suele gestionar en España, donde parece que nos avergonzamos profundamente de las equivocaciones que hayamos podido cometer a lo largo de nuestra carrera y procuramos ocultarlas o negarlas, con el consecuente peligro de no aprender nada.

Con los años, he aprendido algo que me ha ayudado mucho y les ha servido a muchos de mis clientes y alumnos:

¡Importante!

Más importante que la decisión que tomes es la actitud con la que gestiones los resultados, sean los que sean.

Desde luego, mi manera de pensar al respecto se sintetiza muy bien en esta gran frase:

«Una persona inteligente se recupera pronto de un fracaso.
Un idiota nunca se repone de un éxito» (Séneca).

En síntesis, una persona que vive en AM idealiza la realidad y se genera unas expectativas en las que no tiene cabida el error. Cuando este se produce, como para ella no hay grises, sino que todo es blanco o negro, le parece horrible asumirlo porque hace generalizaciones al pensar que todo está mal o que es un fracasado. En cambio, una persona que vive en FM comprende que el error forma parte del proceso de aprendizaje, y no lo ve como el final, sino como parte de su evolución. Además, es consciente de que las cosas no son blancas o negras, que hay muchos matices, que el mejor de su profesión también comete errores. Es justo la forma de gestionar estos errores lo que les diferencia de la mayoría.

1. ¿Se aprende de los errores?

Todas las personas cometen errores,
pero solo los sabios aprenden de sus errores.

WINSTON CHURCHILL

¿Crees que se aprende de los errores? Aquí he encontrado respuestas de todo tipo, y todas ellas con argumentos lógicos para sustentarlas. Desde mi punto de vista: no necesariamente se aprende de los errores.

Y me explico. Si se aprendiera siempre de los errores, tengo algún amigo que sería doctor *honoris causa*, y, desgraciadamente, no le va muy bien. Por supuesto que se puede aprender del error, como también se puede aprender de los aciertos. Para mí la conclusión es que:

¡Importante!

Lo que hace que puedas aprender, tanto del error como del acierto, es la reflexión.

La vida es un proceso continuo de aprendizaje, en el que, a través de la reflexión, de la observación y sobre todo de la acción, podemos crecer y evolucionar como profesionales y como personas.

En una ocasión escuché una historia en la que un padre le decía a su hija algo que me encantó:

«Hija, está bien que aprendas de los errores, pero no hace falta que los cometas tú todos».

Como puedes ver, puedes aprender tanto de tus errores como de tus aciertos, así como de los errores ajenos sin necesidad de vivirlos en primera persona. Así pues, básicamente hay dos formas de aprender:

1. Por discernimiento: alguien me explica algo, lo comprendo y lo aplico.
2. Por sufrimiento: a base de tortas, es decir, de equivocaciones.

Por eso creo que es tan importante la formación, y no lo digo porque me dedique a ello. Procuro siempre ser alumno y no dejar de formarme, ya que tengo varias frases grabadas a fuego como:

> *«Si piensas que la formación es cara, prueba con la ignorancia» (Derek Bok).*

No te puedes imaginar lo caro que me ha resultado en la vida ignorar ciertas cosas, y no hablo de caro solo económicamente. ¡Cuánto tiempo y esfuerzo me podría haber ahorrado si las hubiera aprendido antes! También me encanta esta otra frase:

> *«Si tú no inviertes en ti, ¿cómo esperas que otros lo hagan?».*

Otra reflexión que he hecho alguna vez con muchos de mis clientes, que temen formar a su gente y que luego se vayan a otra empresa, es la siguiente:

> *«Hay algo más peligroso que formar a alguien y que luego se vaya, es no formarlo y que se quede» (Henry Ford).*

Así que ya sabes, puedes aprender solamente por sufrimiento, o puedes ahorrarte tiempo, dinero, esfuerzo y sufrimiento formándote en aquellas áreas que sean prioritarias para tu desarrollo personal y profesional.

2. Buenas preguntas para aprender de lo sucedido

> La forma en la que gestionas tus errores determinará tus éxitos.

Suelo decir que las personas inteligentes aprenden de todas las personas y de todas las circunstancias, tratan de extraer algo positivo o algún aprendizaje. Las personas poco inteligentes se quejan de todas las personas y de todas las circunstancias y, como no aprenden nada, es probable que la vida les vuelva a poner el mismo examen y vuelvan a suspender. Lo único que cambian son los actores: hoy se quejan del cuñado, ayer de su compañero de trabajo y mañana será de su pareja. Si en lugar de quejarnos extraemos aprendizajes, cuando la vida nos vuelva a poner una prueba similar ya no supondrá un problema, porque sabremos cómo gestionar este tipo de personas y/o circunstancias.

Pero para encontrar buenas respuestas, hemos de hacernos buenas preguntas. Por ello, hay un pequeño ejercicio que me encanta para extraer aprendizajes de los hechos ya sucedido. Es muy sencillo y, cuando lo pongas en práctica, descubrirás cuánto sufrimiento te puede ahorrar y lo que te ayuda a crecer a nivel personal y profesional.

Buenas preguntas para aprender de lo sucedido:*

- ¿Qué ha tenido de positivo pasar por esta experiencia?
- ¿Qué he aprendido de esta experiencia?
- ¿Cómo puedo aplicarlo de aquí en adelante?

La primera pregunta es muy poderosa, pues presupone que toda situación, por complicada que sea, esconde algo bueno detrás, bien en forma de aprendizaje, de madurez o de cambios incómodos pero necesarios. Planteárnosla nos anima a enfocar nuestra atención en buscar algo positivo de esa experiencia y, si lo hacemos, es muy probable que lo podamos encontrar.

Pero hay que saber cuándo y cómo plantearla. Una persona que acabe de pasar por una situación dura puede molestarse al recibir esta cuestión. Sin embargo, estoy convencido de que el tiempo es un gran aliado y nos ayuda a ver las cosas con otra perspectiva.

Recuerdo el caso de una emprendedora que llegó a

---

* Puedes descargarte esta herramienta en PDF en la sección Recursos extra gratuitos en <www.fabianvillena.com>.

mi consulta tras haber obtenido un «resultado no esperado». Había invertido tiempo, esfuerzo, ilusión y dinero en un proyecto junto a un socio, pero los resultados no habían sido los deseados. Tras escucharla con calma, concretamos dos objetivos:

1. Analizar la situación en el presente para minimizar las pérdidas económicas y, si fuera posible, recuperar parte de la inversión o incluso ganar algo de dinero.
2. Extraer aprendizajes de esa experiencia emprendedora junto a su socio. En el peor de los casos, si el proyecto le había costado unos diez mil euros y unos cuantos centenares de horas, es como si hubiera cursado un máster en una prestigiosa escuela de negocios, siempre y cuando extrajera algunos buenos aprendizajes.

Un par de horas después, su situación aún no había cambiado, pero su forma de verla, sí, y eso le generaba más paz y claridad para dar sus siguientes pasos. Había cambiado las piedras del error que traía en su mochila por valiosos aprendizajes que la convertían en una profesional más valiosa. Al fin y al cabo:

«Si no aprendemos de nuestro pasado, estamos condenados a repetir estos errores en el futuro».

3. Error. ¿Y si le ponemos otro nombre?

O acierto o aprendo.

Anónimo

La parte que más me apasiona de la programación neurolingüística es la orientada al lenguaje. A veces, algún alumno o cliente me dice: «Fabián, ya, pero eso que me dices es solo cambiar las palabras, no estamos cambiando nada de lo sucedido», a lo que suelo responder: «¡Exacto! Pero ten en cuenta que las palabras suelen tener una carga emocional asociada, así que eso lo cambia todo. Y, es más, lo que hace que te sientas de una forma u otra no es lo que te sucede, sino la interpretación que tú haces de lo que sucede». Dicho de modo sintético:

Cambia tus palabras y cambiarás cómo te sientes.

Y si cambias cómo te sientes, facilitará que hagas cosas diferentes y, por lo tanto, que obtengas resultados diferentes. Es decir:

Cambia tus palabras y cambiarás tus resultados.

Hace años me explicaron una forma muy diferente de referirnos al «error» que suele conllevar una carga emocional desagradable. El cambio es tan sencillo como este:

¡Importante!

En lugar de «error», llámalo «resultado no esperado».

Piénsalo, lo que solemos llamar «error» simplemente es un «resultado no esperado».

Deseábamos que ocurriera otra cosa o intuíamos otra consecuencia, pero finalmente nos encontramos con un resultado que no esperábamos.

Con los años, gracias a uno de mis maestros favoritos (Gerardo Schmedling, al que mencionamos en el capítulo 2 dedicado a la aceptación), descubrí un término que aún me gustó más. Se trata de lo siguiente:

¡Importante!

En lugar de «error», llámalo «oportunidad de aprendizaje».

Gerardo suele decir que en la vida siempre sucederá una de estas dos cosas:

1. Sucede lo que tú esperabas.
2. La vida te da la oportunidad de que aprendas algo.

Si no obtienes el resultado que tú esperabas, sé inteligente y extrae un aprendizaje y habrá servido para algo esa experiencia. De lo contrario, como no aprendas nada, estarás condenado a volver a tropezar en la misma piedra.

Desde hace años, mi hermana Reme me ha repetido una frase que he interiorizado con el paso de los años y la tengo presente cada vez que sucede algo que yo no deseo:

Será para bien.

Aunque en este momento no seas capaz de encontrar nada bueno a la situación, cuando adquieres esta filosofía y te convences de ella, alivia tu presente, calma tu pasado y te enfoca hacia el aprendizaje en el futuro.

Con el paso de los años, y con lo que he ido aprendiendo del lenguaje, he reformulado esta frase para responsabilizarme más de la situación y adoptar un rol activo. Así que, cuando te encuentres en una situación de dificultad e incluso no le veas nada bueno a esos hechos, puedes pensar lo siguiente:

Haremos que sea para bien.

Lo potente de esta forma de ver y estar en la vida ante situaciones complicadas es que, con esta simple frase, adquieres un rol responsable, constructivo y positivo. Así que tú decides: puedes sintonizar tu lado AM llamando «error» a lo sucedido, quejarte por las circunstancias o echándole la culpa a los demás por tus resultados, o, por el contrario, puedes conectar con tu lado FM viendo estos «resultados no esperados» como auténticas «oportunidades de aprendizaje», reflexionando con buenas preguntas y utilizando lo sucedido para crecer como persona y como profesional.

4. Cómo pasar del perfeccionismo a la búsqueda de la excelencia

> Si esperara la perfección, nunca acabaría mi libro.
>
> PROVERBIO CHINO

Tratar de ser perfecto es sinónimo de sufrimiento e infelicidad. Y esto sucede por un motivo muy sencillo, que es dónde pones la atención:

¡Importante!

Al perfeccionista siempre se le va la atención al error y a lo negativo. Por mucho que haga, nunca nada es suficiente.

Dicho de otro modo, se generan unas expectativas tan idealizadas que es prácticamente imposible acercarse a esos resultados, y como para ellos o está bien o está mal (no hay término medio), todo aquello que no cumpla con sus ideales es un fracaso.

Tal Ben-Shahar, el ya mencionado profesor de Felicidad en Harvard, nos habla de todo esto en su libro, *La búsqueda de la felicidad.** Explica que nos esforzamos a diario para alcanzar un imposible. Deseamos ser más jóvenes, tener más dinero, vivir una vida plena y destacar en los deportes. Pero es justo esta búsqueda de la perfección el principal motivo de nuestra infelicidad. Y, en el caso de conseguir alguno de estos ideales, enseguida los menospreciamos y nos marcamos otros nuevos que nos parecen más importantes (simplemente porque aún no los hemos logrado).

El libro de Diana Orero titulado *Todo cuenta*** recoge los resultados de los estudios realizados por Carol Dweck, doctora en Psicología y profesora de la Universidad de Stanford, que señala que hay dos tipos de mentalidades:

1. Mentalidad fija (propia de alguien en AM): centrada en la «actitud del ahora», que huye del error.

* Tal Ben-Shahar, *La búsqueda de la felicidad. Por qué no serás feliz hasta que dejes de perseguir la perfección*, Barcelona, Alienta, 2011.
** Diana Orero, *Todo cuenta*, Madrid, Letrame, 2019.

2. Mentalidad de crecimiento (alineada con alguien en FM): centrada en la «actitud del todavía», y que comprende que el error forma parte del proceso de aprendizaje.

Por lo tanto, los perfeccionistas AM suelen analizarlo todo como un resultado final en lugar de comprender que, en la mayoría de las cosas de la vida, es un proceso de aprendizaje.

¡Importante!

Para hacer algo bien o muy bien, lo normal es que primero lo hagamos mal o regular; forma parte del proceso de aprendizaje.

Hay un concepto más adaptativo que procuro tener presente en mi vida llamado «búsqueda de la excelencia». Para aplicarlo, se requieren dos pasos:

1. Primero, valoras, reconoces e incluso te felicitas por aquello que sí has hecho bien.
2. Después, te preguntas ¿qué podría mejorar?, para no caer en la autocomplacencia ni el acomodamiento.

La gran diferencia entre estos dos conceptos es dónde pones la atención:

- El perfeccionismo solo se fija en lo negativo, y es característico de alguien en AM.
- La búsqueda de la excelencia primero valora lo positivo, después se focaliza en cómo mejorarlo. Esta es una buena forma para sintonizar en FM (Feliz-Mente).

«El perfeccionismo no es una búsqueda de lo mejor. Es perseguir lo peor de nosotros, la parte que nos dice que nada de lo que hagamos será nunca lo bastante bueno» (Julia Cameron).

Como suelo decir, todos tenemos nuestras «taras» (llámalo si quieres «áreas de mejora»). Pero lo realmente bonito es que no es necesario ser perfecto para hacer cosas fantásticas e incluso pasar a la historia. Un buen ejemplo de ello fue Santiago Ramón y Cajal. Él mismo reconocía tener una memoria pésima; le resultaba dificilísimo retener datos. Aun así, con sus imperfecciones, y apoyándose en algunas de sus fortalezas, se convirtió en el padre de la neurociencia moderna y logró pasar a la historia recibiendo el Premio Nobel.

En el terreno laboral, me he encontrado con infinidad de personas que lastran su rendimiento por causa del perfeccionismo que les ralentiza o incluso les paraliza. La clave está en ser excelentes en las tareas realmente importantes y pragmáticos en aquellas que son menos relevantes.

A partir de ahora tú eliges: si tomaras el camino del «perfeccionismo AM», sufrirías más y obtendrías peores resultados. Pero como sé que eres inteligente, cuando apliques la «búsqueda de la excelencia» a tu día a día, podrás sentir todos los beneficios que tiene estar conectado a tu lado FM.

«No se trata de ser perfecto, sino feliz».

5. Encontrar la belleza en lo imperfecto

> *«El secreto de su belleza es que camina como si fuera bella».*
>
> Anónimo

La primera vez que me compré un disco de Joaquín Sabina fue el de *19 días y 500 noches*. Ya me gustaban antes algunas de sus canciones, pero cuando me llamó la atención y me enganchó fue cuando escuché en ese disco su voz marcada por el paso del tiempo. Le escuché decir en una entrevista que fue él quien pidió a la compañía de discos que no hicieran como en los anteriores trabajos y aplicaran los típicos arreglos para que la voz sonara perfecta. Al igual que le ocurrió a Joe Cocker (si lo conoces, es que ya tienes una edad). Fue esa voz sin filtros, arañada por el paso de los años y de una vida no del todo saludable, la que les hizo geniales, únicos, diferentes, con un sello personal propio y genuino.

Y no se trata de ser el mejor. ¿Quién decide eso? Lo importante es ser uno mismo, aportar valor. Recuerda que, como hemos visto en el apartado anterior, esto no va de ser perfecto:

«Un diamante con un defecto es más valioso que una piedra común que es perfecta» (proverbio chino).

Desde mi punto de vista, nuestra cultura puede aprender mucho de la oriental. Hay un concepto muy bello que me explicó mi amiga Sonja Popova llamado «wabi-sabi», que proviene de la cultura japonesa y que representa una particular forma de ver el mundo. La palabra *wabi* significa «simplicidad», y *sabi* se refiere a «la belleza de la edad y del desgaste». Esta corriente estética japonesa representa el abandono de todos los ideales estéticos que exigen perfección y, por el contrario, buscan la belleza de lo impermanente, incompleto e imperfecto. Algo muy diferente a lo que solemos encontrarnos en nuestro entorno.

«Todo tiene su belleza, pero no todos pueden verla» (Confucio).

En esta línea, también podemos encontrar el *kintsugi*, un arte centenario japonés. En Occidente, cuando se rompe un jarrón de porcelana, solemos hacer una de estas dos cosas: o directamente lo tiramos y compramos otro nuevo, o si lo reparamos lo hacemos con pegamento que sea lo más invisible posible para que no se note la «cicatriz». Por el contrario, en Japón nació hace cinco siglos esta técnica artesanal para reparar aquellas piezas que se han quebrado. Pero lejos de tratar de ocultar la rotura, lo que hacen es repararla con una mezcla de resina de árbol y polvo de oro, mostrando unas «cicatrices doradas» bien visibles que transforman su estética. Este arte nos recuerda el desgaste que el tiempo ejerce sobre las cosas físicas y a la vez nos muestra el valor de la imperfección producido por las heridas del pasado.

Lo paradójico de todo esto es que, en lugar de perder valor las obras reparadas con esta técnica, en muchos casos son más preciadas que cuando estaban «perfectas». Me parece una gran metáfora que podemos trasladar a las personas; si en lugar de ocultar nuestras cicatrices y errores, los reparamos con «polvo de oro», podemos mostrar el valor de nuestra resiliencia, resultando profesionales y personas más valiosas que antes de afrontar la adversidad.

6. Cómo tomar decisiones sin temor al error

El mayor error es no decidir.

ANÓNIMO

Lo bueno de tener amigos que vibran y viven en FM (FelizMente) es que, conversando con ellos, puedes extraer aprendizajes muy valiosos.

En una ocasión, mi amigo Fernando Botella me comentó algo que me hizo reflexionar y me ayudó mucho a nivel profesional y personal. Me dijo que una de las claves para poder realizar tantos proyectos con éxito como él estaba teniendo era tomar decisiones rápidamente. Me explicó que la gran mayoría de personas, ante el temor de equivocarse, tardan mucho en tomar decisiones, y es entonces cuando se van acumulando sus tareas y entran en una cadena en la que cada vez están más espesos y les cuesta más decidir.

De aquella conversación deduje algo que he trabajado con varios de mis clientes:

¡Importante!

La mayoría de personas tardan mucho en decidir y luego cambian de opinión rápido. El «crack FM» decide rápido y pivota con calma.

Si estás leyendo este libro, es evidencia de que eres una persona inteligente, y, como eres inteligente, estoy seguro de que sabes que no me refiero a tomar decisiones a lo loco y sin reflexionar nada, sino que se trata de recoger la información necesaria para decidir y, en cuanto tengo esa información, decido de modo ágil, a sabiendas de que, como hemos visto antes, es más importante la actitud con la que manejamos la situación que la decisión que hayamos tomado.

Si trabajas en puestos directivos, este aprendizaje toma una importancia aún mayor, ya que, en gran medida, en este tipo de cargos te pagan para «tomar decisiones» y asumir la responsabilidad de las consecuencias. Como es algo muy incómodo y que tu cerebro primitivo odia hacer, solemos dejarlo para después, lo que se llama «procrastinar». Nos vamos a las «tontadas», a lo fácil, para no afrontar lo importante porque es incómodo. Lo que diferencia al directivo crack FM es tomar decisiones con agilidad y tener la actitud adecuada en la gestión de sus resultados.

Como dice mi amigo David Juárez, experto en neuromarketing y TEDx *speaker*: «Decidimos emocionalmente y luego justificamos racionalmente».

Según suele explicar, nuestro cerebro primitivo siempre está presente en la toma de decisiones (le llama nuestro Homer Simpson u Homero Simpson en Latinoamérica), que solo busca una cosa: supervivencia. Luego, se dejará acompañar, o bien del cerebro emocional (nuestra Blancanieves), o bien del cerebro racional (nuestro Einstein). Para no caer en la tentación de tomar decisiones importantes sin pedirle opinión a nuestro Einstein, existe una herramienta muy sencilla, pero muy poderosa; se trata de la matriz de decisiones.

Para aplicarla, simplemente tienes que rellenar el siguiente recuadro con cada una de las opciones que estés deliberando (lo recomendable es que busques siempre tres alternativas):

OPCIÓN	A FAVOR / POSITIVO	EN CONTRA / NEGATIVO
A CORTO PLAZO		
A MEDIO PLAZO		
A LARGO PLAZO		

Herramienta de matriz de decisiones. *

Una vez que hayas visto todos los pros y contras de las tres alternativas, tendrás un criterio más equilibrado para tomar decisiones. Y no se trata de ignorar a nuestra intuición, sino de escuchar tanto a nuestra intuición

* Puedes descargarte esta herramienta en PDF en la sección Recursos extra gratuitos en <www.fabianvillena.com>.

como al Einstein que llevamos dentro, para conectar con nuestra frecuencia FM y tomar decisiones inteligentes.

Cómo desplegar tu API. Resumen para vivir en FM

- Más importante que la decisión que tomes es tu actitud ante los resultados.
- En lugar de «error» puedes llamarlo «resultado no esperado».
- Los resultados no esperados forman parte del proceso de aprendizaje.
- U obtenemos el resultado esperado o una oportunidad de aprendizaje.
- La formación te ahorrará tiempo, dinero, esfuerzo y sufrimiento.
- Para aprender del pasado necesitas hacerte buenas preguntas.
- Busca la excelencia. Valora lo que está bien. Luego, piensa cómo mejorarlo.
- Decide rápido y pivota con calma. Puedes utilizar la matriz de decisiones.

4

Desapego
Cómo liberarte del miedo y vivir con ilusión

El desapego no consiste en no poseer nada,
sino en que nada te posea a ti.

Ali Ibn Abi Talib

Las personas fueron creadas para ser amadas
y las cosas fueron creadas para ser usadas.
La razón por la que el mundo está en caos
es porque las cosas están siendo amadas
y las personas están siendo usadas.

Jonathan Moldú

Un monje caminante encontró, en uno de sus viajes, una piedra preciosa, y la guardó en su alforja. Un día, se cruzó con un viajero y, al abrir su alforja para compartir con él la comida, el viajero vio la joya y se la pidió. El monje se la dio sin más. El viajero le dio las gracias y se marchó lleno de alegría con aquel inesperado regalo; una piedra preciosa que le daría riqueza y bienestar para el resto de su vida. Sin embargo, a los pocos días, volvió en busca del monje y, al encontrarlo, le devolvió la joya y le suplicó: «Ahora te pido, por favor, que me des algo que vale más que esta joya: dame lo que te permitió regalármela».

TRADICIÓN BUDISTA

TRADICIÓN BUDISTA

En los últimos años, he escuchado y visto cientos de conferencias, pero hay unas cuantas que me han dejado una huella muy especial. Sin duda «Redescubrir la vida», de Anthony de Mello, es una de las que ha marcado un antes y un después en mi vida. En ella, Tony explica un concepto que, en el momento en que él lo interiorizó y lo puso en práctica, transformó su manera de tomarse la vida. Habla de un secreto que podemos tardar en comprender tres, cinco, diez años o tal vez integrarlo en diez minutos, depende mucho de nuestra predisposición y apertura mental. Algo que puede entender un niño de siete años y, sin embargo, hay adultos que nunca llegan a descubrirlo. Ese concepto mágico y transformador es el desapego, que significa vivir sin apego.

El apego al que se refiere Anthony de Mello es aquel que nos hace creer que necesitamos determinadas cosas y/o personas para ser felices, ya que pensamos que sin eso no podríamos serlo. Lo que en el fondo se esconde tras el apego es el miedo que se manifiesta con una desproporcionada angustia a la pérdida del estímulo al que estamos apegados. El apego genera dependencia, ya que nuestra estabilidad y bienestar dependen de aquello a lo que nos aferramos. El apego tiene su contrario en el desapego, que se podría definir como:

«El desapego es amor sin miedo».

A veces nos «apegamos» a la aprobación, al éxito, a la alabanza, a la valoración de los demás…, que actúan como una droga a la que nos enganchamos y sentimos un gran sufrimiento cuando nos quitan nuestra dosis.

Con el paso de los años, me di cuenta de que uno de los principales motivadores que me llevaron a estudiar la carrera durmiendo un par de horas al día en época de exámenes fueron los elogios y la admiración que me mostraban las personas de mi entorno. De alguna manera, ese reconocimiento externo me tenía enganchado y me llevaba a hacer los sacrificios que hicieran falta solo para recibir mi dosis (además de que también temía lo que otros pudieran pensar o decir de mí si fracasaba).

Cuántas veces he visto este apego en muchos profesionales que temen profundamente perder una venta, un ascenso o un puesto de trabajo. Conectan con su lado AM y, paradójicamente, este mismo miedo les atenaza y hace más probable que suceda aquello que tanto temen, es decir, se produce lo que en psicología se denomina la «profecía autocumplida». Por ejemplo, si temes profundamente fracasar en una reunión de trabajo, es lógico que ese miedo te genere nervios y desconfianza, por lo que tienes muchas más papeletas de fracasar.

Qué importante es ir conociéndonos cada vez un poco mejor para comprender cómo funcionamos y ver cómo podemos actuar de un modo más positivo e inteligente.

1. Una frase que cambiará tu vida

Hay una frase que, más que una frase, es una filosofía de vida. Se trata de un aprendizaje que te servirá en todos estos aspectos:

- Para quitarte una gran mochila de miedos y necesidades, y llenarte de ilusión y paz interior.
- Para tener relaciones mucho más sanas con tu pareja, familiares, amigos, etc.
- Para quitarte muchísima presión en el trabajo.
- Para mejorar tus facultades a la hora de negociar (tanto a nivel personal como laboral).
- Y en casi todos los ámbitos de la vida.

Eso sí, te advierto que compartirla con personas que aún no tienen la madurez suficiente para comprender la filosofía real de la reflexión puede conllevar enojos y enfados de estas personas, con las consecuencias que eso puede tener hacia ti

La frase de la que te hablo es:

«No te necesito, pero te quiero».

Es mucho más profunda de lo que puede parecer en un primer momento por su simpleza. La esencia que nos quiere transmitir es que:

¡Importante!

A veces confundimos «querer» con «necesitar», es decir, que sería horrible o no podríamos vivir sin eso.

Pongamos un ejemplo para comprenderla mejor. Imagina que, si tienes pareja, te acercas a ella y le dices: «No te necesito, pero te quiero». ¿Qué crees que ocurriría? En muchos casos, en lugar de alegrarse y sentirse agradecido por ello, se molestarán y dirán algo así como: «¡Ah! No me necesitas. Muy bien. Quiero que hagas las maletas y te largues de casa, así verás si me necesitas o no».

En cierta manera es natural. La forma en la que nos han programado con miles de películas de romanticismo mal entendido o con canciones de amor dependiente nos ha inculcado ideas del tipo:

• Sin ti no soy nada.
• Si te vas, mi vida no tiene sentido.
• Eres la única persona con la que podría ser feliz.

Dicho de otra forma, lo que estamos diciendo a la otra persona es:

- «Mi felicidad depende de ti».
- «Te necesito, porque si dejas de estar conmigo me destrozas la vida».
- «Me convierto en una obligación para ti».
- «Si me dejas, eres una persona egoísta y horrible que me ha causado infelicidad».

Y, claro, con todo esto te conviertes en una carga y una obligación para ella. Pasas de que tu pareja esté contigo porque quiere estar contigo (por amor) a que tenga que estar contigo para no ser quien te hace daño (por miedo).

La persona que mayor influencia positiva tiene en mi vida es Natalia. Llevamos más de media vida juntos, y me encantaría que así fuera por muchos años más. Y a mí me encanta que ella venga y me diga: «No te necesito, pero te quiero». Es mi objetivo en la relación, ya que lo que quiero que nos una es el amor y no el miedo. Además, creo de verdad que no me necesita, hay múltiples evidencias en este sentido:

- Ella fue feliz antes de conocerme a mí.
- Ella podría ser feliz con otra persona, o incluso sola.
- Hay millones de personas que son felices y no están conmigo.

- Hay personas que están cerca de mí y no son felices.
- Pero, a pesar de que sabe que podría ser feliz sin mí, elige estar conmigo porque entiende que conmigo es más feliz que sin mí.

¿No te parece muchísimo más bonito? Que alguien quiera estar contigo porque quiere hacerlo, no porque lo necesite o porque tú le estés haciendo chantaje emocional para retenerlo a tu lado.

En definitiva, creo que genera una relación más sana cuando cada uno asume la responsabilidad de su felicidad (la felicidad de Natalia no depende de mí, y viceversa), y además trata de facilitar la felicidad del otro.

«El desapego es amor sin miedo».

Para terminar este punto, he de decirte que la forma más común de escuchar esta frase es: «Te quiero, pero no te necesito». Lo único, que a mí me gusta cambiar el orden, por cómo afecta la palabra «pero». Una cualidad que tiene la palabra «pero» en una frase compuesta es que le resta mucho valor a lo primero que hemos dicho antes de esta. En cuanto oímos el «pero», es como si olvidáramos lo que acabamos de escuchar y centráramos toda la atención en lo siguiente que van a decirnos. Si le dices a tu pareja: «No te necesito, pero te quiero», tienes menos probabilidades de que te eche de casa que si le dices directamente: «Te quiero, pero no te necesito», ¿no te parece?

2. Una epidemia extendida en nuestra sociedad

> Tenemos más miedo a perder las cosas que
> a perder la vida.
>
> GERARDO SCHMEDLING

Hace un tiempo, estando en Ibiza por trabajo, recibí una llamada que me hizo mucha ilusión. Era la agente de Rafael Santandreu para ofrecerme hacerle una entrevista al que probablemente es el psicólogo que más libros de no ficción ha vendido en la última década en nuestro país.

El motivo de la entrevista era el lanzamiento de su último libro titulado *Nada es tan terrible*. En nuestra conversación tratamos sobre una epidemia que asola nuestra sociedad y que el amigo Rafael ha denominado «necesititis».

¡Importante!

La «necesititis» es cuando nos creemos que necesitamos un montón de cosas y/o personas para poder ser felices, y que lo contrario sería terrible.

Es una falacia mental, puesto que, si lo piensas, lo único que de verdad necesitas en la vida es oxígeno, un poco de agua y un poco de comida. El resto de cosas te gustarán, te harán la vida más fácil o agradable, pero necesitar, necesitar..., no las necesitas.

Nos recuerda Santandreu que una mente inmadura (AM) es una mente de exigencias; la mente madura (FM) es de preferencias. De ahí la frase: «Te quiero, pero no te necesito».

En línea con Rafael, Anthony de Mello nos indica que vivimos dormidos, esclavizados por la creencia de que necesitamos un montón de cosas que en realidad no necesitamos, como, por ejemplo:

- La aprobación de los demás.
- Éxito profesional.
- La familia perfecta.
- Propiedades que demuestren nuestro estatus, como coches, casas, barcos, etc.

Y malgastamos nuestra vida por el empeño en conseguir un montón de cosas que realmente no necesitamos, por impresionar a los demás, en competir para demostrar que somos mejores que otros, en satisfacer a nuestro ego olvidando nuestra verdadera esencia.

«Solo posees aquello que no puedes perder en un naufragio»
(proverbio hindú).

3. Elimina la necesidad de gustar a los demás

> No conozco la clave del éxito, pero la clave del fracaso
> es tratar de complacer a todo el mundo.
>
> WOODY ALLEN

Debido a la insistencia de su discípulo, el maestro decidió darle la oportunidad de mostrar si realmente se encontraba ya preparado para formar a otras personas.

Ante un gran número de asistentes, el aprendiz dio una conferencia realmente fantástica y, poco antes de terminar su ponencia, y para deleite de la muchedumbre, el joven se quitó su capa para regalársela a uno de los mendigos asistentes. Al terminar, y tras recibir una gran ovación, el discípulo se acercó a su maestro para preguntarle: «¿Qué le ha parecido, maestro?, ¿estoy ya preparado para tutelar a otras personas?». Tras una breve pausa, su mentor le respondió: «Has hecho una ponencia realmente espectacular, pero aún no estás preparado para ser maestro». El joven, entre sorprendido y apenado, preguntó: «Maestro, ¿por qué cree que aún no estoy preparado?». «Por dos motivos, hijo —empezó respondiendo el sabio—. En primer lugar, has lanzado tu capa al mendigo sin preguntar cuáles son realmente sus necesidades. Y, en segundo lugar, porque aún no has superado ese irrefrenable deseo de querer impresionar a los demás».

Me encanta esta historia porque refleja dos importantes claves para que una relación funcione bien en FM (FelizMente):

1. Viajar al filtro del otro, para comprender lo que desea o necesita, en vez de presuponer.
2. Poner el foco en aportar valor a los demás y mostrarnos tal como somos, sin darle tanta importancia a lo que pensarán de nosotros.

Es normal que nos guste gustar, pero la clave es ser conscientes de que no lo necesitamos. Grábate este mensaje en tu mente y en tu corazón:

Me gusta gustar, pero no lo necesito.

Cuando le damos mucha importancia a la opinión de los demás sobre nosotros, nos convertimos en esclavos, independientemente de si esa valoración es positiva o negativa. Desde mi punto de vista, la clave está en darles la importancia adecuada a las valoraciones que los demás puedan hacer de ti.

> **¡Importante!**
>
> Sé ecuánime: ni es tan bueno cuando alguien dice algo
> positivo sobre ti, ni es tan malo que alguien tenga un mal
> concepto de ti.

A menudo, tenemos la idea mágica de que, si hacemos lo correcto y somos fantásticos, le vamos a agradar a todos. Aunque, *a priori*, sabemos que no le vamos a gustar a todo el mundo, lo cierto es que, cuando nos enteramos de que alguien habla mal de nosotros, nos molestamos, en algunos casos de un modo excesivo y limitante. Es importante interiorizar que:

Hagas lo que hagas, va a haber personas a las que
no les vas a gustar.

Pero ¿sabes lo positivo?, que no lo necesitas. ¿Puedes seguir siendo feliz, aunque no les gustes a algunas personas? ¡Por supuesto!

Aprendí esta lección de un modo muy singular. Cuando empezaba como conferenciante, un día fui a ver a uno de mis *speakers* favoritos junto a una de mis mejores amigas. Mientras escuchaba su ponencia, pensaba para mis adentros: «¡El día que yo sea la mitad de bueno que este tío, va a ser la leche!». Me encantaba la estructura de su discurso, las metáforas que utilizaba y, sobre todo, la pasión con la que lo transmitía. Pero, para mi sorpresa, al salir de la conferencia, mi amiga me dijo: «Pues, qué quieres que te diga, a mí no me ha gustado». Ese momento fue como un despertador en mi cabeza. Pensé: «Y yo que en mi interior creía que cuando fuera la mitad de bueno que él iba a gustar a todo el mundo, resulta que ni siendo tan bueno como él es posible eso. ¡Es fantástico!». Curiosamente, eso me ayudó a relajarme mucho y dejé de tomarme cada ponencia que impartía como si fuera un examen.

Como ya he mencionado con anterioridad, una forma de «comprar infelicidad» es entrar en la comparación. Y, más aún, si nos comparamos cuando estamos empezando con personas que ya llevan años de experiencia y que tienen otras circunstancias. Este ejemplo nos sirve para comprender que gustar es cuestión de gustos. Si una persona es más racional, conectará y le gustará más aquel conferenciante que aporte más datos o referencias en su discurso. En cambio, esa misma conferencia le parecerá aburrida a otro asistente que sea mucho más emocional. Y lo mismo pasa con cualquier profesión a la que te dediques. Puedes comprobar esto con un simple juego.

- Paso 1. Piensa en alguna persona por la que sientas admiración o simplemente creas que es muy bueno en lo suyo. Puede ser un cantante, un conferenciante, un deportista, etc. Procura que sea alguien que tenga algún vídeo subido a YouTube con más de mil visualizaciones. ¿Lo tienes ya?

- Paso 2. Entra en uno de esos vídeos y fíjate en cuántos «Me gusta» tiene (pulgar hacia arriba), pero, sobre todo, fíjate también en cuántos «No me gusta» (pulgar hacia abajo). Casi con toda seguridad siempre habrá algunos *Dislike*, por bueno que sea.

Este juego nos sirve para comprobar de modo empírico que es imposible gustar a todo el mundo y, por bueno que seas en lo tuyo, habrá personas a las que no les vas a gustar. ¡Acéptalo! Y no te disgustes por ello. Además, si lo piensas, cuando alguien te critica es una evidencia de que para esa persona eres relevante. Al fin y al cabo, cuando alguien habla de ti da más información de él que de ti (y eso también vale para cuando lo que opinan de ti es bueno).

Desde hace tiempo, cada vez que voy a dar una conferencia, especialmente en aquellas en que hay más personas, reflexiono sobre todo esto y me digo a mí mismo que lo normal es que a un 15 o 20 por ciento de los asistentes no les gustaré. Que da igual lo que haga. Aunque me acompañara Anthony Robbins, que cobra cientos de miles de euros por conferencia, seguiría habiendo personas a las que no les gustaría su ponencia. Pero me recuerdo que lo importante para mí es que al menos a una persona le sirva algo de lo que voy a compartir, con eso ya tendría sentido mi presencia allí. Y, es más, aunque no le sirviera nada de lo que digo a ninguno de los asistentes, podría seguir siendo feliz, ya que, afortunadamente, mi felicidad no depende de ello. Podría hacer otro trabajo y seguiría siendo feliz, de otro modo, pero feliz. De hecho, lo fui en el pasado en otros empleos.

Todo este trabajo mental previo es para asentar una serie de ideas que me ayuden a relajarme para conectar con mi esencia, dar la mejor versión posible para aportar valor a los asistentes, que es donde tiene que estar puesto el foco. Me recuerdo una de mis frases de referencia:

«Comprométete con la acción y desvincúlate del resultado».

Todos estos aprendizajes los he trabajado con muchos de mis clientes que sentían temor a la hora de hablar en público, y es realmente bonito ver cómo, al interiorizarlos, se aflojan sus miedos y conectan con su lado FM, sacan su yo auténtico y muestran su esencia. Y es entonces cuando sus resultados mejoran de forma ostensible, reciben muchos elogios, y, en esos momentos, hemos de volver a trabajar para ser «ecuánimes», darles la importancia adecuada a las valoraciones externas, sean positivas o negativas, y no caer en la dependencia. Al fin y al cabo, tampoco es tan importante lo que los demás opinen de nosotros.

4. Cómo aplicar el desapego a tu vida personal

> A quien amas, dale alas para volar,
> raíces para volver y motivos para quedarse.
>
> DALAI LAMA

Hay un antes y un después en tu vida personal cuando vas soltando apegos. Y lo bonito es que se nota en tu bienestar personal, pero también se nota mucho en la calidad de las relaciones con tus seres más cercanos. En un apartado anterior («Una frase que cambiará tu vida»), te comentaba cómo lo puedes aplicar con tu pareja. Es increíble cómo gana en madurez, libertad y bienestar la relación en la que cada parte se responsabiliza de su felicidad. De esta forma, desaparecen los chantajes emocionales, los celos y muchos de los conflictos que están presentes en las relaciones con grandes apegos y dependencia.

El desapego también es fantástico para aplicarlo con la familia. De hecho, yo suelo comentar que mi principal objetivo en esta vida es que mis hijas sean lo más autónomas posibles a todos los niveles (profesional, económico y, sobre todo, emocional). Mi deseo es que mis hijas algún día puedan decir eso de:

No te necesito, pero te quiero.

Me encantaría que si el día de mañana mis niñas comparten su tiempo conmigo, lo hagan porque realmente quieren, no porque me necesiten o por chantaje emocional. Y sé que esto a veces es duro, porque a nuestro ego le encanta que nos necesiten.

Desde mi punto de vista, una relación sana se nutre del amor y la confianza, ya sea con tu pareja o cualquier otro familiar o amigo. Por ello, es fantástico ser asertivos y pedir lo que uno quiere, pero sin exigirlo, aunque sea implícitamente. Con implícitamente me refiero a cuando pedimos algo a alguien y, si no nos lo conceden, cambiamos nuestra actitud para hacerle ver de modo indirecto que estamos dolidos por su decisión. Para mí eso es una forma de manipulación a través del chantaje emocional, ya que estamos presionando al otro para que se sienta mal si no hace lo que nosotros queremos que haga.

Tal vez te suene este ejemplo de ese familiar que te dice entre sollozos algo así: «Ah, no vais a venir el domingo a comer con nosotros. Vale, vale. No pasa nada. Nos iremos nosotros solos» (y lo remata con un par de suspiritos para demostrar su tristeza).

Por supuesto, también podemos tener relaciones más gratificantes y positivas con nuestros amigos a través del desapego. Podemos aplicar todo lo visto anteriormente para relaciones de pareja y familiares. Ten en cuenta que:

- Las relaciones inmaduras son de exigencias (ya que están guiadas por el ego).
- Las relaciones sanas son de preferencias (estas se mueven por amor).

He visto a mucha gente sufrir en relaciones con sus amistades simplemente porque sus amigos no se ajustaban a las exigencias de su ego, es decir, porque no hacían lo que ellos creían que debían hacer.

Si descubres comportamientos de este tipo hacia ti, no te molestes ni te lo tomes en lo personal, tan solo piensa eso de «Mira qué curioso, cómo se comporta esta persona», y trátalos con cariño, pero haciendo lo que tú creas que debes hacer.

5. Cómo aplicar el desapego a tu vida profesional

> Algunos están tan ocupados ganándose la vida que se les olvida vivirla.
>
> Anónimo

A veces, nos tomamos tan en serio nuestro trabajo que nos «descentramos», perdemos el norte de lo que realmente es importante y nos terminamos creyendo que nos va la vida en alguna negociación u oportunidad laboral. Sin duda, esto es sinónimo de estar en AM.

Recuerdo que hace un tiempo, a través de una consultora, se me presentó la posibilidad de trabajar con una de esas marcas con las que hace apenas unos años ni siquiera habría soñado colaborar. Lo único que, para lograr este sueño, había un último obstáculo. Esta empresa tenía por costumbre pasar una entrevista con cualquier formador que fuera a dar clases con sus mandos directivos. En esa entrevista estaría uno de los dueños y fundadores de la famosa empresa, junto a dos de sus personas de confianza. El consultor no me lo había dicho, pero yo era consciente de que tanto él como su ayudante también me iban a estar evaluando. Para añadirle más presión a aquella reunión, me había comentado que la empresa le había pedido como formador a uno de los más famosos y reconocidos conferenciantes de España y Latinoamérica, pero desde la consultora le transmitieron que tenían un perfil que se ajustaba mejor a los objetivos que deseaban conseguir. Tengo grabada en mi mente la frase que me dijo el día antes el consultor que había apostado por mí: «Fabián, no es un examen, pero casi».

La entrevista tuvo lugar una tarde soleada, pero he de reconocer que ese día por la mañana estaba descentrado, en AM. Con toda la presión que yo había alimentado en mi cabeza, le había dado tanta importancia a esa entrevista que tenía aquella tarde que, por la mañana, se me olvidó ir a una cita que tenía con un concejal que me había costado semanas conseguir. Fue entonces cuando me dije: «Este tipo de situaciones son como las que yo trabajo con mis clientes, ahora me toca aplicármelo a mí». Y fue en ese momento cuando puse en práctica:

«No te necesito, pero te quiero».

Lo primero que hice fue convencerme de por qué no necesitaba trabajar con esa empresa ni colaborar con aquella consultora.

Encontré argumentos como:

- He estado más de treinta años sin trabajar con ellos y he sido feliz.
- Hay millones de personas que no trabajan en esa empresa y son felices.
- ¿Cuánto le facturé el año pasado a esta empresa y a esta consultora? Cero euros, y ¿cómo me fue el año? ¡Tuve unos resultados fantásticos!
- Mi felicidad no depende de trabajar allí, ya que podría trabajar y ser infeliz, y podría no trabajar allí y ser muy feliz.
- Afortunadamente, tengo un montón de trabajo.

Después, una vez vaciada mi mochila de presión, «necesititis» y ansiedad, empecé a llenarla de ilusión (pero de la que está libre de apegos). Comencé a pensar por qué quería trabajar con esa empresa y colaborar con aquellos consultores:

- Me gustaría trabajar con ellos porque es una empresa que admiro y me gustan sus productos y los valores que transmiten.
- Unir mi marca a otra tan importante subiría el posicionamiento de la mía.
- Si lo hago bien, me podría abrir las puertas de otras empresas de este nivel.
- Me ayudaría a seguir creciendo como profesional y como persona.
- Esta consultora colabora con las mejores marcas y ponentes del país.
- Etcétera.

Una vez que me había trabajado todo esto, llegué a aquella entrevista en la que cinco personas me iban a estar evaluando en el estado emocional ideal para estas situaciones de alto rendimiento, totalmente conectado en FM:

Sin miedo y lleno de ilusión (libre de apegos).

Al iniciar la entrevista, recuerdo que les dije algo así como: «Me podéis hacer todas las preguntas que queráis, ya que hay una frase que dice que "te contratan por lo que pareces y te despiden por lo que eres". Es decir, no quiero generar falsas expectativas. Me encantaría que nos conociéramos lo máximo posible y entre todos viéramos si tiene sentido colaborar, ya que me hace mucha ilusión que así sea. Pero, si ahora no es posible, no pasa nada; espero y deseo que lo sea en el futuro».

Más allá del resultado final positivo de aquella reunión, lo más valioso para mí de aquella experiencia fue el aprendizaje que saqué sobre cómo aplicar el desapego a todo este tipo de situaciones. Te puede ayudar en:

- Una negociación: si vas con necesidad, llegarás con un estado emocional inadecuado y te pondrá en una postura de desventaja que delatará tu lenguaje no verbal. Un alumno, y ahora ya amigo, consiguió cerrar una venta, que se le había resistido durante años, de más de 120.000 euros, según me dijo él mismo, gracias a trabajarse la frasecita de: «No te necesito, pero te quiero».

- Una venta: cuando vas con necesidad, pones el foco en ti, y eso el cliente lo nota. ¿Cómo te sientes cuando estás con un vendedor que te quiere vender lo que sea porque necesita llegar a sus objetivos?

- Una entrevista de trabajo: es como si vas a ligar y la otra persona percibe tu necesidad, tu valor de mercado se devalúa. Convéncete de que eres un profesional de gran valor, que si no trabajas allí no pasa nada porque seguro que tendrás otras oportunidades, pero a la vez demuestra que te has interesado en ellos y te has informado sobre cómo puedes aportar valor a su empresa. Si vas con esa actitud de desapego, pero con ilusión (en FM), tus opciones de llegar a un acuerdo con esa empresa son mucho más elevadas que si vas desde la «necesititis» (en AM).

Y así sucesivamente en las diferentes situaciones que te encuentres en tu vida profesional. Y lo mejor de todo es que, más allá de lo que van a mejorar tus resultados, vas a sufrir mucho menos en tu día a día laboral y sentirás mayor ilusión.

Quien me conoce sabe que todo esto se ha convertido en una filosofía de trabajo y de vida para mí, y que suelo decir desde hace tiempo lo siguiente:

> *«Algún día colaboraré con el Athletic Club de Bilbao, pero, si no lo hago, tampoco pasa nada porque ya soy feliz».*

Eso no quita que yo siga poniendo lo que esté de mi parte para que ese momento llegue, pero, si no llega, no pasa nada, simplemente la vida me estaría indicando que mi camino es otro.

6. Simplifica

La perfección se consigue, no cuando no haya más que añadir, sino cuando no hay nada más por quitar.

ANTOINE DE SAINT-EXUPÉRY

Habitualmente, suelo preguntar a aquellos que considero que son excelentes conferenciantes qué recomendación me podrían dar para mejorar como ponente. En una ocasión, uno de mis amigos me dijo lo que había aprendido de Manuel Campo Vidal, considerado uno de los mejores periodistas de España. Según este gran profesional, la clave más importante a la hora de comunicar es la siguiente:

En comunicación, menos es más.

Creo que es de los mejores consejos que me han dado y que se puede aplicar a cualquier área de la vida. Una de las grandes virtudes que diferencia al crack FM es que se centra en lo verdaderamente importante.

En cambio, por nuestra cultura occidental, influenciada por una sociedad de consumo, nos hemos llegado a creer que la felicidad está en lograr y acumular cosas. Cuando, desde mi punto de vista, el bienestar interior que muchas veces buscamos lo podemos encontrar quitando cosas, tareas y compromisos.

Con los años, he podido comprobar que la vida es más sencilla de lo que parece, que simplemente se trata de quitar todo el ruido mental que nos impide conectar con nuestra verdadera esencia.

¿Qué pasaría si, de repente, te desprendieras de lo siguiente?:

- Todo aquello que no necesitas y no sueles utilizar en tu lugar de trabajo y en tu casa (objetos, ropa, etc.).
- Las redes sociales.
- Ciertos compromisos sociales que no te aportan gran cosa.
- Tareas poco importantes.

¿Cuánto tiempo, atención y energía te consumen todas estas cuestiones? Está claro que, si te desapegas de ellas y consigues desprenderte, pagarás un precio, pero la clave es si en la balanza es mucho mayor lo que ganas que lo que pierdes.

En los últimos años han crecido de manera exponencial los seguidores de esta cultura de deshacerse de lo innecesario, siendo Marie Kondo la figura más representativa de esta forma de entender la vida. Su éxito ha sido tal que en 2015 fue elegida como una de las cien personas más influyentes del mundo según la revista *Time*. Según ella:

¡Importante!

No hay que pensar en qué tenemos que tirar, sino en conservar solo aquello que consigue emocionarnos.*

---

* Artículo de *ABC* sobre Marie Kondo: <https://www.abc.es/familia/padres-hijos/abci-japonesa-pone-orden-casas-medio-mundo-201511230401_noticia.html?ref=https%3A%2F%2Fwww.google.com%2F>.

Y tú, ¿de qué te vas a desprender?

Cómo desplegar tu API. Resumen para vivir en FM

- El desapego es amor sin miedo.
- Practica el «no te necesito, pero te quiero».
- Aléjate de la «necesititis». No confundas «necesitar» con «querer».
- Comprométete con la acción y desvincúlate del resultado.
- Sé ecuánime, tanto ante los buenos comentarios como ante los negativos.
- La relación inmadura es de exigencias, la madura es de preferencias.
- Aplica el desapego en tus negociaciones.
- Simplifica: menos es más.

Este enlace te lleva a la entrevista de Fabián Villena a Rafael Santandreu: https://cutt.ly/lgBZ0rh

5

PRESENTE
El gran secreto para ser feliz y productivo

El ayer es historia,
el mañana es un misterio,
pero hoy es un regalo,
por eso lo llaman presente.

KUNG FU PANDA

Cuentan que un sábado soleado estaba paseando un lord británico por sus bellos jardines cuando llegó corriendo uno de sus empleados y, muy angustiado, le exclamó: «¡Milord, milord! ¡Se están quemando sus naves! ¡Su empresa está ardiendo!». Sin cambiarle el semblante, el lord le respondió con gran tranquilidad: «No te imaginas el disgusto que me voy a llevar el lunes por la mañana».

Desde mi punto de vista, el 99 por ciento del tiempo de vida, nuestra realidad es entre óptima y neutra. Es decir, quitando algunos momentos que son verdaderos dramas, el resto de la vida gozamos de un presente en el que tenemos cientos de motivos por los que sentirnos agradecidos. Pero, en lugar de esto, el ser humano ha desarrollado una gran capacidad para perturbarse la vida a sí mismo. O buscamos algún motivo en el baúl de los recuerdos para ponernos tristes o nos preocupamos con cosas que pudieran ocurrir. Y, precisamente, por todo eso nos perdemos lo único que de verdad es real: el presente.

Como dice esta simple reflexión:

«El pasado ya pasó».

Una vez escuché en uno de los cuentos de Anthony de Mello que hemos de dejar atrás el pasado no porque sea malo, sino simplemente porque el pasado ya está muerto. En cambio, a veces, nos empeñamos en traer cosas negativas de hechos ya ocurridos a nuestra mente, cometiendo dos graves errores:

1. Nos creemos que lo que nos contamos es la verdad, sin saber que cada vez que recordamos un hecho hacemos una recreación en la que siempre realizamos modificaciones, que suelen ser retoques que enfatizan el tono dramático de la situación. Nos imaginamos un entorno con menos luz, el tono recordado es más desagradable, etc. Sacamos la «botella de cianuro» y empezamos a tomarnos chupitos para fastidiarnos el día.

    Si en el pasado te ocurrió un hecho traumático

que todavía condiciona negativamente tu presente, mi recomendación es que trabajes con algún psicólogo especializado, por ejemplo, en EMDR, *brainspotting*, o cualquier otro tipo de técnica orientada a trabajar el subconsciente.

2. Nos quedamos en el lamento en lugar de aceptar lo ocurrido y tratar de extraer algún aprendizaje. Lejos de eso, en ocasiones caemos en pensamientos relacionados con lo injusta que es la vida y nos hacemos preguntas que no nos llevan a ningún lado, como: ¿por qué me ha tenido que suceder a mí esto? Sin embargo, aplicando una actitud positiva inteligente, conseguiremos interiorizar esta reflexión:

¡Importante!

No podemos cambiar el pasado, pero sí que podemos cambiar la película que nos contamos del pasado.

Y eso te aseguro que lo cambia todo.

La otra forma de perturbarnos el presente es viajando al futuro para ponernos en el peor de los casos, sufriendo por adelantado a lo tonto, de modo gratuito. Como decía Mark Twain:

«Soy un hombre viejo y he conocido muchos grandes problemas, pero la mayoría de ellos nunca sucedieron».

Y es que, en palabras de dicho autor: «Preocuparte es como pagar una deuda que no es tuya».

Lo único que existe de verdad en la vida es el presente, todo lo demás es fruto de tu recuerdo o imaginación. Y, además, hay que tener en cuenta algo muy obvio, pero olvidado:

«El presente es el único tiempo sobre el que tenemos
algún dominio» (Thich Nhất Hanh).

Si quieres que tu pasado te aporte algún aprendizaje o algo positivo, has de hacerlo en el presente. Si deseas tener un buen futuro, actúa en el presente. Es el único momento en el que puedes ejercer alguna influencia, y descubrir esto es el cambio que lo cambia todo.

En una entrevista que le hacían al psicólogo de la selección española de fútbol, escuché algo que me pareció fantástico:

«Todo lo que haces en el presente tiene una repercusión
en tu futuro» (Joaquín Valdés).

Tomar consciencia de ello puede hacerte más responsable de tu presente. Y si pones toda tu presencia en lo que estás haciendo, además de conectar con tu lado FM (FelizMente), no solo mejorará tu momento actual, sino que estoy seguro de que tendrás un pasado más interesante que contar y un futuro más apetecible por descubrir.

1. Dónde se esconde la felicidad

Si estás deprimido, estás viviendo en el pasado.
Si estás ansioso, estás viviendo en el futuro.
Si estás en paz, estás viviendo en el presente.

Lao-Tse

Recuerdo que hace unos años pasé una época en la que tomaba chupitos de cianuro a diario. Y lo mejor de todo es que invitaba a las personas de mi alrededor a las rondas que desearan para acompañarme en mi amargura. El motivo era que había tomado una serie de decisiones muy poco inteligentes, entre las que destacaba el haber construido mi segunda vivienda en un lugar inadecuado. El premio por esta osadía fue una sanción por el 150 por ciento del valor de la vivienda. Todo esto de la inteligencia emocional está muy bien, pero yo, por aquel entonces, aún ostentaba el cargo de director general del universo, y estaba más interesado en tener razón que en ser feliz. Para cuando estaba asimilando lo ocurrido, el guion dio un giro aún más divertido: me enteré de que los terrenos donde había edificado iban a ser utilizados para construir un macropolígono industrial y nos lo expropiarían. Conclusión: iba a pagar dos casas y media y no iba a tener ninguna. Las botellas de cianuro volaban. Si no las llevaba yo, siempre había algún allegado que traía una y la abría diciendo: «No hay derecho a que os hagan eso...», y cosas por el estilo.

Fueron unos meses de gran pelea con la vida. Hasta que un día desperté. Y lo hice de un modo muy curioso, al escuchar el testimonio que compartía una chica en un programa de radio. Recuerdo que estaban llamando personas que tenían familiares con enfermedades serias. Esta chica contó que hacía un tiempo a su padre le habían diagnosticado un cáncer que en su caso no sabían cómo curar, por lo que le pronosticaron que le quedaban solo unos meses de vida. Comentó que, al recibir la noticia, toda la familia se vino abajo, salvo una persona: su padre.

Sorprendida por la actitud de tranquilidad y buen rollo de su padre, un día le dijo: «Papá, ¿es que no eres consciente del diagnóstico? Te quedan pocos meses de vida». La brutal respuesta del padre fue lo que de repente me hizo despertar de esa etapa de sufrimiento: «Por supuesto que soy consciente del diagnóstico, pero tengo una cosa clara en la vida, mientras quede música, bailaremos».

Las palabras que aquel hombre le dijo a su hija fueron directamente a mi corazón y despejaron de repente mi cabeza. Tomé consciencia de un montón de cosas de golpe:

- Había pagado dos casas y media, y en cambio no disfrutaba de ninguna. Ya no íbamos a nuestra vivienda porque le habíamos cogido manía.

- Lo que habíamos conseguido hasta entonces Natalia y yo era fruto de nuestro trabajo, y si hiciera falta seríamos capaces de lograrlo otra vez.
- Todo en esta vida es transitorio, la cuestión es que unas personas son conscientes de ello y otras no.
- Al fin y al cabo era algo material, aunque también había mucha ilusión puesta en aquella casa, pero el dinero va y viene, y la ilusión depende de nosotros.
- No servía de nada sufrir más de lo necesario. Preocupándonos no mejoraríamos nada, en vez de eso decidimos que haríamos lo que dependiera de nosotros.
- No sabíamos cuánto tiempo nos quedaba de poder disfrutar de la casa, pero aplicaríamos lo de «mientras quede música… bailaremos».

Y fue casi mágico, de repente Natalia y yo dejamos de sufrir por toda aquella situación. No había cambiado nada externo, pero se produjo un cambio más importante en nuestro interior: la forma de verlo. Dejamos de perturbarnos y empezamos a disfrutar de la casa como si fuera el último baile. De alguna manera es como si la vida nos hubiera regalado todo aquello para que nosotros aprendiéramos esas lecciones. Y, como dice Gerardo Schmedling, cuando ya has aprendido lo que tenías que aprender, la vida te quita esas circunstancias.

Lo curioso de toda esta situación es que ocurrió hace más de diez años, y la casa sigue en pie. Por la crisis económica que vivimos hace unos años y otra serie de variables, aquel proyecto que ya estaba aprobado todavía no ha llegado a ejecutarse. Sabemos que en cualquier momento eso puede cambiar, pero te aseguro que eso ya no nos preocupa. Por supuesto que nos ocupamos de ir haciendo lo que depende de nosotros por regularizar la situación y enmendar las malas decisiones que tomamos hace años, pero lo que más hemos aprendido de todo esto fue ¡la de chupitos de cianuro que nos tomamos a lo tonto!

Con el paso de los años, he aprendido algo en lo que coinciden casi todos los sabios de las diferentes culturas que he ido conociendo. Y es que, cuando hablan de encontrar la iluminación, la verdadera esencia de la vida está en algo tan sencillo y tan poco habitual como el siguiente aprendizaje:

¡Importante!

Para ser feliz hay que estar presente en el presente.

¿A qué me refiero? A ver un árbol y estar viendo ese árbol de verdad, y no la idea preconcebida que tenía de él. Me refiero a deleitarme con los matices de los colores de cada una de sus hojas, fijarme en que no hay dos hojas iguales, escuchar cómo suena el movimiento de sus ramas, apreciar el aroma que puede desprender. Acariciar su tronco y sentir en la yema de mis dedos las arrugas que lo hacen único. Incluso si es un árbol frutal, morder uno de sus frutos y poner toda mi atención en el sabor que tiene (vale, es verdad, me he puesto místico y he entrado en modo #abrazaarboles).

Tal vez puedas estar pensando que me he tomado algo para estar alucinando así con un simple árbol, pero yo me pregunto cómo puede ser que estemos tan dormidos que no podamos ver y disfrutar de todo lo que la vida nos está brindando con su inmensa generosidad. Si te puedes deleitar así con un simple árbol, ¿te has parado a pensar lo alucinante que es cada persona que está a nuestro alrededor? Prácticamente, todos los días me detengo a fijarme en cada una de mis hijas, para mí es una de las mejores formas de conectarme en FM (Feliz-Mente) y desplegar mi actitud positiva inteligente. Alucino con el brillo de sus ojos, la autenticidad de sus expresiones, el tono de voz que tienen que me vuelve loco, la forma de sus pestañas…, y podría estar diciéndote detalles durante horas. Y es entonces cuando recuerdo esta frase de Albert Einstein:

«Hay dos formas de ver la vida: una es creer que no existen los milagros, la otra es creer que todo es un milagro».

Cuando nos damos cuenta de que estamos rodeados de milagros, de motivos para sentirnos agradecidos, tomamos más consciencia de que la vida no va de tener más cosas, sino de disfrutar en el presente de lo que ya tenemos, hacemos y somos. En esos momentos, recuerdo lo que narraba Anthony de Mello en uno de sus cuentos, cuando un mendigo le decía a un rico terrateniente:

«Unos tienen las propiedades,
otros las disfrutamos».

Dedica un ratito cada día a poner los cinco sentidos en algo de lo que estés haciendo, aunque sean cinco minutos al día. Luego, puedes ir alargando ese tiempo.

Aplica el *carpe diem*, aprovecha el momento, vive tu presente. Es alucinante cómo te cambia la vida.

Lo triste no es morir, lo triste es no vivir. Es dejar pasar los minutos, las horas, los días, meses, años. Despierta a tiempo, si no lo has hecho ya. Vive cada instante como si fuera el último, así, cuando de verdad lo sea, no tendrás la pena de no haberlo aprovechado.

«Tenemos dos vidas. La segunda empieza cuando
nos damos cuenta de que solo tenemos una»
(Confucio).

2. El síndrome de la felicidad aplazada

> La vida es eso que pasa
> mientras haces otros planes.
>
> JOHN LENNON

En mi época juvenil, cuando ya había dejado mis estudios y trabajaba en el negocio familiar, a mí y a unos cuantos amigos nos había dado por jugar al ping-pong (o tenis de mesa, que parece que tiene más *glamour*, aunque se trate de lo mismo). ¡Nos apasionaba!

Cada tarde, nada más salir del trabajo, íbamos al Centro Juvenil Don Bosco y allí nos pasábamos horas jugando. Éramos tantos los chavales que acudíamos que un día tuvieron una mala idea: organizar un campeonato, unas 24 Horas Juveniles de Tenis de Mesa. En ese momento dejamos de jugar para comenzar a entrenar al ping-pong. Ahora, fuera de contexto, puede sonar exagerado e incluso absurdo, pero en aquellos momentos, para muchos de nosotros, ese campeonato era lo más importante de nuestras vidas.

Prueba de ello fue que, cuando llegó el día, de la tensión, me quedé enganchado de la espalda. Pero fui pasando partidos y, por la noche, la mezcla de los nervios y las bebidas isotónicas que había tomado para estar bien fuerte derivó en vómitos. Jugué las rondas como pude y, cuando llegué al último partido de la liguilla, la vida me puso en un dilema. Pasaban los cuatro primeros, y yo ya estaba clasificado, pero jugaba contra uno de mis mejores amigos, y él necesitaba al menos ganarme un set para pasar a semifinales. Para ponerte mejor en situación, he de decirte que viendo este partido estaba otro chaval, que en ese momento iba quinto, y tenía todas las esperanzas en que yo ganara a mi amigo dos sets a cero y así clasificarse él. El dilema que se me planteó fue: ¿soy buen amigo y me dejo ganar al menos un set para que pase mi colega, o soy honrado y juego lo mejor posible, aunque eso suponga que igual le gane y se quede fuera de semifinales?

Era para mí una decisión muy complicada. Imagínate en una situación similar, ¿qué harías?

Recuerdo que jugué el primer set y le gané. Jugué el segundo set y me ganó. En realidad, me dejé, lo había pactado ya con mi amigo. Y en el momento en el que mi amigo me ganó ese segundo set, recuerdo cómo empezaron a caer las lágrimas en el rostro del otro muchacho que tenía la fe puesta en mí, y que nunca me dijo nada, porque él desconocía que yo me había dejado ganar.

Después, en semifinales, me tocó mi amigo, y, a pesar de que trató de utilizar todo tipo de artimañas para ganar, no consiguió hacerlo. Llegué a la final, y un rato más tarde estaba en el sofá de mi casa tumbado, con la copa de primer clasificado entre mis manos, con una enorme sensación de vacío, preguntándome: «¿Y ahora qué?». No era algo que me permitiera ir a la discoteca a vacilar de ello. Pero más allá de que pudiera o no sacar pecho de mi victoria, ese día aprendí dos cosas que quiero compartir contigo:

¡Importante!

1.º Para ser feliz, es importante ser fiel a tus valores.

Yo, aquel día, no lo fui, ya que, aunque para mí los amigos son muy importantes, en un contexto de juego y competición, la honestidad y la deportividad está por encima de la amistad. No recuerdo ni dónde está esa copa, pero cada vez que veo a aquel chaval (ahora ya un hombre) aún algo dentro de mí me duele, porque sé que no fui honesto con él, pero sobre todo no fui honesto conmigo mismo.

¡Importante!

2.º La felicidad está en el camino, no en la meta.

Había dejado de jugar y divertirme con aquel deporte, y había pasado a entrenar para competir con un único objetivo: ganar. Y ahí es cuando estás fastidiado, ya que puedes perder y sufrir, o ganar y tener un momento de alegría transitoria (que no es felicidad). Enseguida te marcas un nuevo objetivo, y vuelta a empezar.

Recuerda que:

«No hay un camino a la felicidad, la felicidad es el camino»
Wayne Dyer.

Permíteme una recomendación: no caigas en el «síndrome de la felicidad aplazada». Tal vez te suene eso de «seré feliz cuando termine el colegio». En cuanto lo consigues, dices: «Bueno, cuando vaya a la universidad». En el momento que lo logras, pasas al siguiente nivel: «Cuando tenga el título, entonces sí que seré feliz». Terminas la carrera y te das cuenta de que eres uno más de los miles y miles de desempleados de tu sector. Y piensas: «Bueno, cuando tenga un trabajo». Consigues un empleo y te marcas el siguiente objetivo: «Cuando tenga el pack de la familia perfecta seré feliz: casa, cochazo e hijos perfectos».

Y ese es el gran engaño, pensar que la felicidad está en el futuro, en la consecución de un objetivo. Lo más probable es que, al conseguir tu objetivo, tengas un momento de alegría transitoria y, rápidamente, tu mente busque otra meta con la que alimentar a tu ego. Y si no la logras, tu ego te diga que has fracasado.

Recuerda lo que ya hemos visto en el desapego: es natural e incluso bueno marcarte objetivos, el error es creer que los necesitas para ser feliz.

«Si no eres feliz con lo que tienes, tampoco lo serás con lo que te falta» (anónimo).

La felicidad consiste en disfrutar del ahora, de cada conversación, de los pequeños detalles. Es mucho más importante sentirte agradecido por lo que tienes, haces y eres que focalizarte en lo que te falta. En esta sociedad de la competitividad, el postureo y el consumismo, nos han vendido que se necesita tener éxito para ser feliz. Pero como comentábamos en el inicio del libro, la principal conclusión de los más de diez años de investigaciones de Shawn Achor en Harvard es que:

«El éxito no da la felicidad, es la felicidad la que te da el éxito».

Justo lo contrario a lo que nos habían programado. Por todo ello, cuando dejas de hacer planes por la necesidad de tener éxito, abandonas los deseos futuros llenos de apego y empiezas a disfrutar del aquí y del ahora; logras algo mucho más bonito que la consecución de cualquier objetivo, empiezas a VIVIR (con mayúsculas).

«Siempre estamos preparándonos para vivir, pero nunca estamos viviendo» (Ralph Waldo Emerson).

3. La trampa de la multitarea

> La multitarea es la habilidad de hacerlo todo mal al mismo tiempo.
>
> Jeremy Clarkson

Como valoro y respeto mucho tu tiempo, voy a tratar de ser claro y conciso:

¡Importante!

Multitarea es sinónimo de hacer el inútil.

Cuando tratamos de hacer varias cosas a la vez, hay una parte dentro de nosotros que se siente muy competente y muy digna como diciendo «mira todo lo que soy capaz de hacer». De alguna manera, es como si sintiéramos que estamos aprovechando mucho el tiempo. O, tal vez, aquellos que tenemos más años, estemos todavía impresionados y tratando de emular al gran Nacho Cano de Mecano, cuando tocaba cinco teclados a la vez mientras bailaba y hacía los coros.

Sin embargo, los expertos en productividad nos explican que, si en lugar de hacer tres tareas a la vez, ponemos toda nuestra atención primero en la tarea 1, luego en la tarea 2 y, por último, en la tarea 3, conseguiremos lo siguiente:

- Tardaremos menos.
- Cometeremos menos errores.
- Estaremos menos estresados.
- Daremos una mejor imagen profesional.
- En definitiva, disfrutaremos más de lo que hacemos y seremos mucho más eficientes.

Si tenemos en cuenta que en nuestra cabeza solo puede haber un pensamiento a la vez, lo que de verdad estamos haciendo con la multitarea es saltar de una cosa a otra, lo cual cansa muchísimo y es horrible para la productividad. Dicho de otro modo, estamos siendo muy poco útiles.

Quiero que lo compruebes por ti mismo con un sencillo juego. Tanto si estás sentado como tumbado, me gustaría que movieras tu pierna derecha haciendo círculos en el sentido de las agujas del reloj. Y, mientras sigues realizando ese movimiento, quiero que, a la vez, con tu brazo izquierdo, dibujes en el aire el número seis. ¡Adelante!

¿Qué tal la experiencia? Lo más normal es que, cuando juntas ambas tareas, aunque sean sencillas, al menos una la hagas mal. Este juego nos sirve para comprender que hacer dos tareas que requieren de un mínimo de capacidad de razonamiento nos resulta imposible. Esto no quita que podamos hacer alguna tarea simultánea siempre y cuando sean tareas que no requieran de concentración y las hayamos practicado mucho. Por ejemplo, cuando aprendiste a conducir, realizabas varias tareas a la vez (soltar embrague, mirar el espejo retrovisor, pisar acelerador, poner el intermitente, etc.), y ¿recuerdas lo nervioso y tenso que te sentías? A base de repetir y entrenar estos movimientos, conseguiste hacerlos de modo mecánico, pero ¿qué pasaría si te dijera que ahora tienes que añadir otro movimiento? Pues que perderías capacidad de atención en la conducción, como cuando manejas tu teléfono móvil al volante, los datos nos dicen que pierdes atención en la conducción y tus probabilidades de tener un accidente se multiplican.

Nuestra productividad se dispara cuando ponemos nuestros cinco sentidos en lo que estamos haciendo, por eso insisto en minimizar tanto las interrupciones externas como las internas (distracciones) cuando doy clases de productividad, ya que volver al mismo estado de concentración previo a la interrupción nos cuesta mucho tiempo y energía.

Y, desgraciadamente, vemos cada vez a más gente que va como pollo sin cabeza, corriendo y corriendo, pero sin saber hacia dónde ni para qué. Haciendo muchas cosas, pero sin criterio y, como me ayudó a interiorizar mi amigo Josepe:

«No se trata de trabajar mucho, sino de trabajar inteligentemente».*

* José Pedro García Miguel, emprendedor, formador y *speaker* internacional.

Y lo peor es que aplicamos la multitarea hasta cuando estamos con otras personas. Tengo un buen amigo que tenía una mala costumbre: cuando le preguntabas si tenía cinco minutos para hacerle una consulta, nunca te decía que no, siempre te atendía. Pero mientras le hablabas, él seguía tecleando en el ordenador (respondiendo un email, haciendo un trabajo o mandándole una carta a la novia, no lo sé, pero seguía tecleando). Un día, puesto que teníamos confianza, le hablé de la importancia de estar presente en el presente. Le dije: «Prefiero dos minutos de alguien que me presta plena atención que veinte de una persona que tiene la atención dividida en otras cosas».

«No le regales tu tiempo a quien no lo valore».

Piensa en qué mensajes le mandas a alguien que te está hablando y, en cambio, tú estás escribiendo un email o mirando el teléfono móvil. Probablemente pensará:

- Si está con la atención en lo otro, no me está haciendo caso a mí.
- Hay algo o alguien que ahora es más importante para él.
- Está perdiendo su tiempo y me lo está haciendo perder a mí.
- No le importo.
- Etcétera.

En cambio, simplemente reflexiona sobre cómo te sientes cuando estás con alguien que, aunque lo llamen por teléfono, no responde en ese momento porque está contigo. O mejor aún, pone el teléfono en modo avión porque desea tener toda su atención puesta en ti. Que alguien te preste su tiempo con toda su atención puesta en ti es probablemente el mayor de los regalos que te puede hacer, aunque sean dos minutos. Trata a quien tengas delante con el mismo respeto y atención como si fuera una persona famosa a la que tú admiras. Si estuvieras con alguien que para ti es superimportante, ¿te pondrías a mirar el teléfono?

Algo que aprendí hace años es que, cuando estoy dando una conferencia o una formación, en ese momento, lo más importante que hay en mi vida son las personas que están en esa sala, y que toda mi atención tiene que estar puesta en ellas. Ellos están compartiendo su tiempo, algo que nunca podrán recuperar, por eso mi mejor forma de agradecérselo es tener plena presencia orientada a serles de la mayor utilidad durante ese tiempo. En ese momento no hay familia, ni amigos, ni llamadas, solo existen ellos.

«Valora a quien te dedica su tiempo, te está dando algo que nunca recuperará».

4. Tu mayor enemigo para disfrutar del presente

Las nuevas tecnologías nos han acercado a las personas que están lejos, pero nos han alejado de las que tenemos cerca.

Anónimo

A pesar de lo que puedas pensar, no, no es tu cuñado. De hecho, si lo miras con los ojos adecuados, tener cuñados te puede reportar mucha alegría, especialmente cuando te despides de ellos.

¡Importante!

El mayor enemigo con el que nos encontramos últimamente para disfrutar del presente se llama teléfono móvil.

Si no aprendemos a gestionar esta herramienta, en cualquier momento, cualquier persona puede distraer nuestra atención. Y si permitimos que esto sea así, te diría que es prácticamente imposible disfrutar del presente.

Tal vez lo peor es que no necesitamos que venga otro a fastidiárnoslo, ya nos encargamos de hacerlo nosotros solos. Hace poco vi (no recuerdo bien dónde, pero imagino que en alguna red social, soy el primer pecador) una imagen muy gráfica. En un concierto, en primera fila, aparecían decenas de personas. Todas ellas, salvo una mujer de cierta edad, estaban con sus teléfonos móviles grabando. Después de haber pagado una buena cantidad de dinero por estar ahí, en lugar de saborear ese momento dejándose llevar por el éxtasis de estar en primera fila, tal vez cantando, bailando o saltando, estaban haciendo de reporteros. Se me ocurren dos opciones:

1. Lo grabas para ti: cuando lo más probable es que luego no lo vuelvas a ver. Y si lo quisieras ver, seguro que podrás encontrar decenas de vídeos en internet.
2. Los grabas para mostrárselos a los demás: es decir, es más importante mostrar en redes sociales que estás allí que disfrutar de estar allí. Me recuerda a cuando veo a niños que pasan horas en YouTube viendo vídeos de gente jugando… en lugar de jugar ellos.

Otra escena, cuando menos curiosa, es ver a grupos de amigos que están juntos, pero cada uno de ellos con su teléfono móvil, sin hablar entre ellos, o tal vez lo estén haciendo a través del móvil.

¿Y por qué nos pasa esto? Pues probablemente es porque, en ese momento, nuestro Homer Simpson (cerebro reptiliano), al que no le gusta tener que pensar, se siente mucho más a gusto consumiendo información facilona, divertida o curiosa. Imagínate que tuvieras que elegir entre pensar cómo solucionar un problema serio que tienes en casa o ver un vídeo titulado: «¡No te podrás creer lo que hizo este gato! El vídeo con más de un millón de reproducciones en solo dos días». Veinte minutos después, estás viendo otro vídeo de un perro tocando el piano, mientras te preguntas: «¿Cómo he acabado yo aquí?».

Además, si entras en alguna red social y compartes alguna foto tuya mirando al horizonte, acompañada de alguna frase del tipo «Si todo parece bajo control es que no vas lo suficientemente rápido», y logras validación social, ya tu Homer se viene arriba. Y con cada «Me gusta», y con cada comentario, tu cerebro se hace un poquito más yonqui de la aprobación.

En una entrevista a Simon Sinek, uno de los grandes expertos a nivel internacional en comportamiento humano, este explica que con los «Me gusta» y comentarios positivos de los demás se dispara en nuestro cerebro la dopamina, la misma sustancia placentera que generamos con los juegos de azar, el alcohol y las drogas. Esto explica algo que nos ha pasado a muchos: cuando una publicación nuestra de repente empieza a tener muchos *Likes*, no paramos de entrar al móvil a ver cómo van subiendo estas cifras.

Cuando me ocurre esto, a veces, me paro a pensar: «Vale. Y si llego a doscientos, trescientos o aunque sean mil "Me gusta", ¿qué cambiaría en mi vida?». Como dice mi gran amigo Andrés Pérez Ortega: «El disgusto que te llevas cuando llegas al supermercado y te dicen que no te dejan pagar con tus *followers*».

Según un estudio de Rastreator*, los españoles dedican una media de 4 horas y 22 minutos al día al teléfono. Además, más de 8,1 millones de usuarios en España se consideran adictos a su smartphone. Son datos que nos invitan a reflexionar.

¿Cuándo fue la última vez que pasaste un día entero sin teléfono móvil? Solo te hago una invitación, pruébalo. Valora qué pierdes y qué ganas al estar un día sin teléfono, y toma tus propias decisiones. Y si quieres empezar con algo más suave, prueba simplemente con poner el teléfono en modo avión cuando llegues a casa (me imagino tu vocecilla diciéndote frases del tipo: «Ya, ya. Eso está muy bien, pero y si…»). En el 99,9 por ciento de los casos no pasará nada que no puedas atender más adelante.

5. Entrena tu mente para estar presente en el presente

> La vida es un baile.
> El *mindfulness* es presenciar ese baile.
>
> AMIT RAY

La principal razón por la que me siento profundamente agradecido de hacer mi trabajo es por las personas que

---

* Estudio de Rastreator: <https://www.rastreator.com/sala-de-prensa/mas-de-81-millones-de-espanoles-se-consideran-adictos-al-movil-medio-millon-mas-que-en-2018.aspx>.

he conocido. En el programa de televisión tuve a más de cien invitados, y a la gran mayoría de ellos siempre les hice la misma pregunta (delante de las cámaras y a muchos compartiendo mesa y mantel): «En tu día a día, ¿haces algún tipo de entrenamiento mental?». Cuando hablo de entrenamiento mental, me refiero a meditación, relajación guiada, *mindfulness*, yoga, declaraciones, etc. Te diría que más del 95 por ciento de los cracks a los que les he preguntado me han dicho que sí, que tienen alguna rutina en este sentido.

Hace años, cuando alguien me decía que meditaba o practicaba *mindfulness*, por respeto, yo decía: «Muy interesante», pero por dentro mi vocecilla pensaba: «Menudo hierbas». En unos años, he pasado casi de reírme de este tipo de prácticas a ser practicante habitual. Y si lo hago es por un sencillo motivo, porque me funciona muy bien, especialmente cuando tengo un evento en el que siento que me estoy «descentrando» (entro en AM porque le doy demasiada importancia). Me sirve para que, en lugar de salir a hablar desde el miedo, me relaje y salga más conectado con el público y el mensaje, en FM. Suelo hacer una meditación y termino recordándome una serie de mensajes que me aportan serenidad y confianza.

La persona de la que más he aprendido a meditar es mi amigo Rubén Sánchez, especializado en meditación transcendental. Este tipo de meditación es la que practican muchas *celebrities*, como, por ejemplo, una de las mujeres más influyentes del mundo como es Oprah Winfrey, con la que Rubén ha colaborado en Estados Unidos.* Ella misma explica cómo este tipo de meditación la ha ayudado en su vida, tanto que la aplica con todos los trabajadores de su empresa. Según afirma Oprah, les ayuda a centrarse, a conectar consigo mismos, a reconocer que hay algo más importante que ellos, y les genera una energía y una intención como nunca antes habían tenido.

Otro caso llamativo es el de Chade-Meng Tan, uno de los ingenieros que más han ayudado a convertir Google en una de las compañías más importantes del mundo. A pesar de partir como ingeniero informático, pasó a diseñar el programa corporativo de meditación llamado «Busca en tu interior», con la intención de transformar el modo de trabajo de una de las empresas más innovadoras y exitosas del planeta. Más tarde, compartió con el resto del mundo este programa de desarrollo personal a través de un libro que lleva el mismo nombre.**

Otra de las opciones cada vez más demandadas es el *mindfulness*. La mejor definición que me han dado de esta disciplina me la aportó una alumna de una forma-

* Vídeo donde Oprah Winfrey habla sobre la meditación transcendental en su empresa: <https://www.youtube.com/watch?v=8TrqgeCkVVg>.

** Chade-Meng Tan, *Busca en tu interior*, Barcelona, Planeta, 2012.

ción. Me dijo: «Esto mi abuela lo explica muy bien. *Mindfulness* es estate en lo que estás».

¡Importante!

Mindfulness = estate en lo que estás.

Es decir, pon tus cinco sentidos en lo que estés haciendo en ese momento. Si te estás duchando, dúchate. Disfruta de sentir el agua que acaricia tu cuerpo, escucha su sonido, huele el aroma del champú, mira la espuma, pon toda tu atención en saborear ese momento.

Mi sugerencia es que, sea con el tipo de técnica que sea, entrenes tu mente. Es de sentido común: si cuidas tu cuerpo y vas al gimnasio para hacer ejercicio, mejorarás tu físico; si entrenas tu habilidad para llevar el volante de tu mente, cada vez lo harás mejor. Porque, si ahora mismo te paras a pensar, ¿quién lleva el volante de tu mente? ¿Tú? ¿Seguro? ¿Diriges a tu vocecilla o ella te dirige a ti? Sea cual sea tu realidad, la buena noticia es que es una habilidad que se puede entrenar y, si lo que está en juego es tu felicidad y tu productividad, creo que merece la alegría ponerte manos a la obra.

«No eres responsable de tu primer pensamiento,
pero sí de los siguientes».

Como última sugerencia sobre este asunto, pon especial atención en cómo empiezas el día. No te puedes llegar a imaginar la diferencia de empezar la jornada laboral mirando los emails o las redes sociales a iniciarla «centrando el día». Para ello, basta con dedicarle unos minutos a meditar y, acto seguido, repasar una «lista de declaraciones» que te ayuden a recordar qué es importante en tu vida, para qué haces lo que haces, y sentirte agradecido por la jornada que vas a disfrutar. Cuando adquieras este hábito de entrenar tu mente al inicio del día, comprobarás cómo despliegas tu actitud positiva inteligente y se dispara tu productividad.

«No se puede detener las olas, pero se puede aprender
a surfearlas» (Jon Kabat-Zinn).

6. Ser feliz solo por hoy

Sé feliz en un instante. Este instante es tu vida.

Omar Khayyám

Imagina que lo único que tienes que hacer es disfrutar de beber un vaso de agua. Pero me refiero a disfrutarlo de verdad, notando cómo recorre tu cuerpo, cómo sacia tu sed y sientes el placer de gozar de su frescor. Parece simple, ¿verdad?

Ahora vamos a ponerle un pequeño problema. Antes de sostener el vaso de agua debes coger diez bolsas de la compra que son muy pesadas, ya que están llenas de «recuerdos del pasado», que son una gran losa para ti. Además, se te presenta un segundo obstáculo: tienes que soportar otras diez bolsas aún más pesadas con las «preocupaciones del futuro» llenas de cosas que podrían pasarte. Sientes que apenas puedes levantar estas bolsas del suelo, porque se trata de un peso que te resulta muy limitante. Ahora por fin es el momento de coger el vaso de agua sin soltar el resto de carga del pasado y del futuro, e intentar beber el agua disfrutando de cada sorbo. Imposible, ¿verdad?

Pues algo parecido nos pasa a diario. En lugar de disfrutar del presente, nos cargamos con cosas del pasado o con preocupaciones del futuro que nos impiden disfrutar plenamente del presente. Además, esto de «ser feliz» suena casi como algo muy grande y complejo de conseguir, ya que parece que se trate de ser feliz siempre.

Cuando digo que tengo tres hijas pequeñas, a menudo aparece alguien sintonizado en AM que me regala frases como: «Madre mía, cuando sean adolescentes, la que te espera». A lo que yo siempre respondo: «Bueno, cuando lleguemos, ya te diré». Lo cierto es que no le dedico ni un solo segundo de mi vida a perturbarme por algo que ocurrirá dentro de años, y que, además, desconocemos cómo será. Me centro en educar hoy lo mejor posible a mis hijas y a disfrutar de cada etapa en la que están. Como dice un amigo:

«Cuando lleguemos a ese río, cruzaremos ese puente».

Según las estadísticas, la esperanza de vida media en España es de unos 83,5 años.* Si lo contamos en días, vendrían a ser unos 30.475. Menuda carga tener que ser feliz todos y cada uno de estos días, es como tener que hacer un trabajo de más de treinta mil páginas. Da pereza mental, ¿verdad? En cambio, te quiero proponer una técnica que te va a resultar de enorme utilidad:

¡Importante!

Ser feliz solo por hoy.

Voy a ser más benévolo. Te propongo ser feliz durante solo la próxima hora. Más fácil y asequible aún, ¿te parece sencillo tener el objetivo de ser feliz solo durante este minuto de tu vida? Pues ese es mi único objetivo, ser feliz en este momento y, como muy lejos, en este minuto.

* Publicación en *Expansión* (2018): <https://datosmacro.ex pansion.com/demografia/esperanza-vida/espana>.

Desde hace años me repito cada mañana: «Voy a ser feliz solo por hoy». El pasado ya pasó, el futuro me deparará lo que tenga que ser, pero yo solo me tengo que ocupar de tener el mejor de los días posibles. No te puedes imaginar qué bien voy por la vida al descargar todas esas bolsas tan pesadas del pasado y del futuro, y, cuando detecto en mi mente que viene a visitarme alguna de estas preocupaciones, me digo a mí mismo que no me tomaré ese «chupito de cianuro». Sencillamente, elijo el presente, porque es lo único que existe.

Cómo desplegar tu API. Resumen para vivir en FM

- No aplaces tu felicidad. La felicidad está en el camino.
- Sé fiel a tus valores.
- Recuerda: mientras quede música, bailaremos.
- Evita la multitarea. Haz las tareas de una en una.
- Entrena tu mente. Practica *mindfulness*, meditación, relajación…
- *Mindfulness* es estate en lo que estás.
- Desconecta de las tecnologías. Dedica tiempo de calidad a tu gente.
- Practica la técnica de ser feliz solo por hoy.

Este enlace te lleva a mi conferencia «La actitud positiva es productiva»: https://cutt.ly/hgBJEhC

6

GESTIÓN EMOCIONAL
La clave para ser verdaderamente libre

> Quien te enfada, te domina.
>
> BUDA

Cuentan que Buda, cuando llegaba a las ciudades, solía tener unos recibimientos maravillosos. Pero, en una ocasión, por motivos desconocidos, fue recibido con toda clase de insultos e improperios. Sus discípulos estaban desencajados, no comprendían nada. ¿Cómo podían decirle todas esas cosas a alguien con su bondad y sabiduría? Pero aún quedaron más sorprendidos cuando vieron que Buda permanecía con la leve sonrisa que le caracteriza. Extrañado, uno de sus discípulos se le acercó y le preguntó: «Maestro, ¿cómo puede usted sonreír con todos los insultos que le están lanzando?». El sabio acentuó su sonrisa y le respondió: «Es muy sencillo, hijo. Ellos me lanzan sus insultos, pero yo no los recojo».

Hay personas con un bienestar muy frágil, a las que cualquier «tontito» o cualquier tontería perturba su paz.

Viven en AM y, a menudo, encuentran algo por lo que preocuparse, irritarse o por lo que entrar en conflicto. Viven desde el miedo y ven amenazas en cualquier estímulo.

Si bien todos llevamos un «cavernícola» en nuestro interior, a este tipo de personas es su «cavernícola» el que los dirige, y no al revés. Se dejan llevar por sus emociones, no saben cómo gestionarlas y esto les conlleva multitud de conflictos. El «cavernícola» al que me refiero, y que todos llevamos dentro, es la unión de nuestros cerebros primitivo y emocional. Dicha unión sucede cuando nuestra parte racional desaparece porque toman el mando del control nuestros impulsos y emociones, produciendo lo que se conoce como secuestro límbico. Esto nos lleva a tomar decisiones puramente instintivas sin reflexionar si son las más adecuadas. La forma habitual de solucionar las cosas del «cavernícola» suele ser a mazazos, y eso suele provocar que las personas de su alrededor respondan de forma reactiva aflorando su propio «cavernícola», a no ser que tengan bien trabajada su inteligencia emocional, como el caso de Buda en la historia anterior.

«O aprendes a dirigir a tu cavernícola, o él te dirigirá a ti».

¿Te imaginas si inventáramos un botón para elegir la emoción que quisiéramos sentir? ¡Sería revolucionario! Imagínate que te diera miedo hablar en público y tuvieras que salir a hablar ante más de mil personas, y en ese momento apretaras el botón de la emoción y seleccionaras «Tranquilidad». Además, como te permitiría combinar las emociones, pulsarías también «Confianza», «Alegría» e incluso «Entusiasmo». Es más, imagina que, en el cuadro de mandos, tuvieras la posibilidad de reducir las emociones desagradables que no fueran adaptativas a la situación. ¡Sería brutal! Pues he de decirte que ese botón, aunque sea de modo metafórico, ya existe. A lo largo de este capítulo te voy a explicar cómo funciona y cómo puedes aplicarlo a cualquier área de tu vida.

1. Cómo funciona el ser humano

> No puedes gestionar lo que no conoces.
>
> ANÓNIMO

Si no sabes cómo funciona tu teléfono móvil, difícilmente podrás aprovechar todo lo que te puede ayudar en tu día a día. A menudo, me encuentro con personas que, paradójicamente, saben más sobre el funcionamiento de su teléfono que de cómo funcionan ellas mismas, y eso las lleva a ser esclavas de los demás o de las circunstancias.

Como vimos en el capítulo 1, hemos de responsabilizarnos de nuestras emociones. Recordemos que la gente puede decir o hacer cosas, el cómo nos afecte depende de cómo lo gestionemos. El problema es que, si desconocemos cómo podemos gestionar nuestras emociones, nos convertimos en esclavos de nuestra ignorancia.

Por todo ello, y para que seas más libre y responsable, te voy a presentar un esquema muy sencillo para explicar algo tan complejo como es el funcionamiento del ser humano.

Fíjate en este esquema que comparto a continuación, pues te va a ayudar a comprender por qué te sientes como te sientes, e incluso qué hacer para obtener mejores resultados.

Esquema del funcionamiento del ser humano.

Todos tenemos pensamientos, lo que a mí me gusta llamar nuestra «vocecilla», que constantemente no deja de hablarnos, analiza lo que nos ocurre y nos da sus propias interpretaciones. Según lo que tú te cuentes de lo que te sucede, te sentirás de una u otra forma, es decir, te generarás unas emociones.

Si tienes miedo a hablar en público y tu discurso interno es: «Madre mía y madre mía, quién me mandaría a mí meterme en esto; ojalá me pudiera largar ahora mismo. Con la de gente que hay, como me quede en blanco… ¡Es horrible!». ¿Cómo crees que te vas a sentir? Seguramente se incrementará tu miedo, incluso sentirás ansiedad, desconfianza, angustia, etc. Todas estas emociones, ¿crees que se notarán en tu comportamiento? Es más que probable que tu conducta se vea claramente afectada por el estado emocional que acabamos de comentar. Siguiendo con el ejemplo, habrá algunas personas que, al sentirse así, incluso puede que pongan alguna excusa y no salgan a hablar, y los que consigan salir a escena, mostrarán a una persona imprecisa, temblorosa y con una postura corporal que reflejará poca confianza. Y, claro, según te comportes, tendrás unos resultados u otros. Lógico, ¿verdad?

En el ejemplo comentado, es probable que el público asistente se muestre más frío y desenganchado del discurso. Puede que algunos se pongan a mirar el móvil, a hablar con el de al lado y otros pueden llegar a levantarse y abandonar la sala. Viendo estos resultados, es probable que se disparen tus pensamientos negativos, entrando en el círculo vicioso y en la «profecía autocumplida» que ya hemos visto con anterioridad (aquello que más tememos nos provoca un estado emocional que hace más probable que ocurra aquello que precisamente más tememos).

En síntesis, nuestros pensamientos influyen en nuestras emociones, nuestras emociones en nuestro comportamiento y, lógicamente, nuestro comportamiento nos llevará a unos resultados. Y este círculo no para de girar, ya que los resultados van a influir en nuestros pensamientos y vuelta a empezar. Es por ello por lo que, tanto a nivel individual como de equipo, entramos en:

- Dinámicas negativas: círculo vicioso.
- Dinámicas positivas: círculo virtuoso.

La pregunta clave es: ¿qué podemos hacer para gestionar nuestro comportamiento?

Podemos influir en estas cuatro variables (pensamientos, emociones, conductas y resultados), pero solo hay dos de ellas en las que podemos hacerlo directamente: los pensamientos y la conducta.

Siempre, siempre, siempre está en nuestra mano elegir nuestros pensamientos y nuestro comportamiento. Si simplemente cambiar uno de ellos puede cambiarlo todo, ser capaces de gestionar ambas variables hará que nuestra capacidad para gestionar indirectamente emociones y resultados sea brutal.

¡Importante!

Este es tu «botón» para elegir tus emociones, elegir tus pensamientos y tu conducta.

---

2. Herramientas para gestionar tu vocecilla

> Cómo cambia el cuento
> cuando cambio el cuento que me cuento.
>
> Vía Josepe

Un estudio afirma que, en España, tres de cada cuatro españoles tienen miedo a hablar en público.* Hace poco, escuchaba a un cómico norteamericano hablar de un estudio realizado en Estados Unidos, que manifestaba que había más gente con este miedo que con «miedo a la muerte», es decir, que en un funeral estas personas prefieren estar en la caja que dando el discurso.

Bromas aparte, hemos visto que una opción para ges-

---

* Datos extraídos de la página web de la Universitat Oberta de Catalunya (UOC) (2017): <https://www.uoc.edu/es/news/2017/091-hablar-publico>.

tionar nuestras emociones es a través de nuestros pensamientos, es decir, gestionando nuestra «vocecilla».

Retomando el ejemplo anterior, yo era de esas personas a las que les daba pánico hablar en público. Para solucionarlo, lo que hice fue justo trabajar mis pensamientos y mi conducta. En cuanto a los pensamientos, elaboré una «lista de afirmaciones» que me había repetido decenas de veces y que repasaba momentos antes de salir a hablar, especialmente si notaba que me estaba empezando a poner nervioso. Me repetía frases del tipo:

- No soy una impresora, no he venido a impresionar a nadie.
- Lo que piensen de mí realmente es poco importante. El objetivo es que, al menos, a una persona le ayude algo de lo que yo vaya a decir.
- Lo normal es que haya personas a las que no les va a gustar lo que diga, pero no necesito gustar a todo el mundo, mi felicidad no depende de ello.
- Voy a centrarme en aportar lo máximo y en pasármelo bien, así es más probable que el público se lo pase bien.

También apliqué la herramienta del cuestionario gestión de miedos que puedes descargarte en la sección recursos extra gratuitos en <www.fabianvillena.com>, fantástica para saber filtrar qué miedos son racionales y cuáles son totalmente irracionales.

Consiste en hacerte tres preguntas:

1. ¿Qué es lo peor que me podría pasar?
2. ¿Cómo es eso de probable?
3. ¿Qué está en mi mano hacer para que ocurra lo que deseo?

Si lo piensas, lo peor que te puede pasar hablando en público podría ser quedarte en blanco, que algunos se aburran, que alguien no esté de acuerdo contigo, que no le gustes a la mayoría, etc. ¡Menudo dramón! No creo que sea nada tan importante y de lo que no te puedas reponer en poco tiempo. Visto así, es peor lo mal que lo pasas por tu miedo que lo peor que te podría pasar.

Es cierto que hay personas muy dramáticas. Alguna me ha respondido a esta primera pregunta: «Que te mueras» (siempre he pensado que si te mueres por hablar en público, tus problemas ya venían de antes). Pero, vale, lo acepto como posibilidad. Por eso está la segunda pregunta: ¿hasta qué punto es eso probable? No sé tú, pero yo nunca he visto a nadie que se haya muerto por hablar en público. Es decir, si lo razonas bien, lo peor que te puede pasar es poco malo, y encima poco probable. Estas dos preguntas desmontan el 99 por ciento de los miedos que tenemos en nuestro día a día. Y el 1 por ciento que no desmonta es porque son miedos que hemos de tener en cuenta (por ejemplo, cruzar una autovía sin mirar, pasearme por una jaula con leones, etc.).

La tercera pregunta está orientada para centrarnos en nuestra zona de influencia y hacer aquello que depende de nosotros. Según el ejemplo anterior sería preparar el tema a tratar, ensayar especialmente el inicio, practicar técnicas de relajación...

Por último, una de mis técnicas favoritas para cambiar el chip a nivel mental es la de relativizar, que trata de darle la importancia adecuada a cada asunto. Para aplicarla, lo ideal es que definas al extremo lo que para ti es «terrible», es decir, lo peor que te podría pasar en la vida. Después, pasarías a definir lo que consideras malísimo, muy malo, malo y poco malo. Así podrás comprender que en la vida todo es cuestión de perspectiva, pues un problema es más o menos grave en función de con qué lo compares.

Grado de importancia:

Terrible   Malísimo   Muy malo   Malo   Un Poco Malo

Esquema con los diferentes grados de importancia de los problemas que nos ayuda a relativizar.

Por ejemplo, en alguna ocasión que notaba que me estaba poniendo nervioso antes de hablar en público, pensaba: «Si ahora mismo me dijeran que un familiar mío tiene una enfermedad terminal, ¿qué importancia tendría esta conferencia?», y acto seguido sentía cómo desaparecían los nervios de mi cuerpo, ya que me daba cuenta de que esa conferencia era realmente poco importante, y lo único que me había ocurrido es que me había descentrado, había entrado en AM, dándole una importancia desmedida.

¡Importante!

Relativizar no significa no darle importancia al asunto, sino darle la importancia adecuada.

Para no ponernos tan dramáticos, me gusta explicar también la técnica de relativizar con un chiste:

Una amiga le pregunta a otra: «¿Tu marido es guapo?».

A lo que su amiga responde: «¿Comparado con quién?».

Siguiendo este ejemplo, esta técnica la puedes aplicar en tu día a día de la siguiente forma:

- Reflexionar: la cuestión por la que estoy poniéndome muy nervioso, ¿es importante?

- Y, a continuación, preguntarte: ¿comparado con qué?

A mí esta técnica siempre me gusta combinarla con la de la zona de influencia, ya que te orienta no solo en quitar presión, sino en actuar en lo que está en tu mano para que sea más probable que ocurra lo que deseas. (Puedes descargarte la herramienta con ambas técnicas en la sección Recursos extra gratuitos en <www.fabian-villena.com>).

3. Otras herramientas de gestión emocional

> Actúa de la manera en la que te gustaría ser
> y pronto serás de la manera en la que actúas.
>
> LEONARD COHEN

Aunque esté usando de ejemplo el asunto del «miedo a hablar en público», todas estas herramientas que estoy compartiendo contigo puedes utilizarlas en la gran mayoría de problemas del día a día. Utilizo este ejemplo porque es algo que le pasa a mucha gente y que piensan que es algo casi insuperable y, como puedes comprobar, se pueden lograr grandes mejoras simplemente aplicando herramientas prácticas.

En una ocasión, al terminar una formación, un asistente se acercó y me hizo una pregunta de esas que necesitas unos segundos para procesar: «Fabián, ¿el pájaro canta porque está alegre o está alegre porque canta?». La forma más sencilla de traducir esta pregunta es: ¿Estamos alegres porque sonreímos o sonreímos porque estamos alegres? Para verlo todavía más fácil: Si forzamos nuestra sonrisa, ¿nos sentiremos más alegres? La respuesta a esta cuestión, sustentada en estudios científicos, es que sí. Es decir, siempre hemos sabido que nuestro estado emocional influía en nuestra conducta (si estás muy nervioso, por ejemplo, te tiemblan las manos), pero hay un estudio realmente curioso realizado por Amy Cuddy en el que demuestra que nuestra conducta también influye en nuestro estado emocional (si te comportas como si tuvieras mucha confianza, hasta la química de tu cuerpo cambia y te sentirás con mayor seguridad).* Esta investigadora demostró que, cuando permaneces, por ejemplo, con postura de poder y seguridad (abres tu cuerpo, ocupas espacio), tus niveles de testosterona aumentan y tu nivel de cortisol desciende. Y, en cambio, si adquieres una postura de miedo (cuerpo encogido), descienden tus niveles de testosterona (sensación de menor seguridad) y aumenta tu cortisol (sientes más estrés). Y todo ello simplemente cambiando tu postura corporal.

* Conferencia TED de Amy Cuddy: «El lenguaje corporal moldea nuestra identidad»: <https://www.ted.com/talks/amy_cuddy_your_body_language_may_shape_who_you_are?language=es>.

> **¡Importante!**
>
> El lenguaje corporal influye en cómo nos ven los demás, pero también puede cambiar cómo nos vemos a nosotros mismos.

Por eso, a mí me encanta la técnica que me gusta llamar «actúa como si...». Consiste en que primero pienses qué estado emocional quieres evocar en ti, y luego te comportes como si fueras un actor o actriz que está en el estado emocional que tú desees sentir.

Cuando yo empecé a hablar en público, como quería sentirme con mucha más confianza, seguridad y tranquilidad, lo que hacía antes de salir a escena era mentalizarme de que me iba a comportar como si fuera James Bond, es decir, procuraría modelar mi postura corporal, el tipo de movimientos, el ritmo de la respiración, el tono del habla, etc. Puede parecer una locura, pero no te puedes imaginar cuánto me ayudó a sentirme con más confianza (e incluso mejoraba también la imagen que proyectaba hacia los demás). Y esta técnica la he aplicado con muchos de mis clientes con resultados fantásticos.

Recuerdo, en una ocasión, a una gran empresaria que le daba pánico hablar en público y tenía que hacerlo ante cientos de personas. Mejoró muchísimo con todas las técnicas del apartado anterior para cambiar sus pensamientos, pero, el día de la verdad, poco antes de empezar el evento, vi cómo le temblaba su mejilla y estaba al borde del colapso. Nos fuimos a una sala aparte, repasamos todo lo trabajado para cambiar sus pensamientos, centrándonos especialmente en su postura corporal. Llamaba la atención cómo su cuerpo se relajaba mientras desmontábamos los miedos irracionales, pero, al mirar cómo se llenaba el auditorio con cientos de personas, de repente su cuerpo se encogía. En ese momento, yo le decía: «Postura corporal», y ella de inmediato adquiría una postura de poder y relajación. Tras practicar este entrenamiento durante unos minutos, llegó el momento de su participación. Recuerdo que mi hermana, que estaba sentada junto a mí y desconocía que había trabajado con la empresaria para mejorar su habilidad de hablar en público, me dijo: «Me encanta la seguridad y elegancia que transmite esta mujer». Por supuesto que aún había nervios dentro de ella, pero había logrado que fueran llevaderos y, además, logró una intervención más que notable (y, más aún, si tenemos en cuenta cómo se sentía un rato antes).

Otra de las técnicas para cambiar tu estado emocional simplemente cambiando nuestra conducta es aplicando la relajación a través de la respiración. Hay muchas técnicas de respiración, pero yo te recomendaría una de las más simples, la que puso de moda el doctor Andrew Weil.* En una postura cómoda y con la espalda recta, se trata de estos tres simples pasos:

* Andrew Weil, director de Medicina Integral de la Universidad de Arizona y una persona muy popular en Estados Unidos. Ha aparecido dos veces en la portada de la revista *Time* (en 1997 y en 2005) y en el programa de Oprah Winfrey.

1. Cierra tu boca e inhala el aire por la nariz. Cuenta hasta cuatro.
2. Aguanta la respiración durante siete segundos.
3. Espira por completo el aire de tus pulmones durante ocho segundos.

Con hacerlo unos cinco minutos, notarás un gran cambio en tu nivel de activación y cómo ha mejorado tu relajación. Cuando empieces a practicarlo, puede ser normal que te cueste llegar a aguantar el aire siete segundos y espirar en ocho, por lo que puedes empezar con 3-3-6 (lo importante es que sea el doble de tiempo en espirar que en inhalar).

Ahora ya tienes más completa tu caja de herramientas para que, cuando necesites gestionar una situación con mayor madurez, puedas elegir aquella técnica que mejor se adapte a ti y tus circunstancias.

4. Cómo gestionar cuando te habla un cavernícola

> Nunca discutas con un idiota, te hará descender a su nivel y ahí vencerá por experiencia.
>
> MARK TWAIN

En una ocasión, nada más empezar un partido de fútbol sala, el defensa contrario (un tipo con barba que me sacaba una cabeza) se acercó a mí y, tras darme un pequeño codazo, me dijo: «Fill de puta» (en castellano: «Hijo de puta»). Si esto me lo hubiera hecho unos años antes, cuando yo era mucho más reactivo y entraba a todo tipo de provocaciones dejándome llevar por mi cavernícola, lo más normal hubiera sido que le devolviera el codazo y un taco mayor (siempre tuve buena creatividad a la hora de insultar). En cambio, tal vez por haber aprendido a base de tortas que ese no era el camino a seguir, reaccioné aquel día de un modo distinto. Simplemente, lo miré y me salió una sonrisa (y no era como en otras ocasiones en las que sonreía y les mandaba un beso para provocarles). Esta vez sonreí porque en mi interior me dije: «¿Piensas que con algo tan débil puedes sacarme de mis casillas?». Así que, en la siguiente jugada que nos cruzamos, me comporté exactamente igual que si no me hubiera dicho ni hecho nada. Fui fuerte al balón, porque de haber ido flojo él habría pensado: «Este está intimidado», y de haber ido como un animal, él habría aprendido que yo entraba al trapo y me podría picar el resto del partido para que yo tomara decisiones poco inteligentes (tenía por aquel entonces yo unas cuantas de esas a mis espaldas). Al entrar fuerte al balón, los dos chocamos y caímos al suelo, y ¿qué hice yo?, lo mismo que habría hecho si antes no me hubiera dicho ni hecho nada. Me acerqué a él, le di la mano y le pregunté: «¿Estás bien?». Me habría encantado que hubieras podido ver la cara que puso. Descolocado, me dijo: «Sí, sí, gracias». ¿Qué crees que pasó la siguiente vez que nos chocamos? Se acercó a mí y me preguntó si estaba yo bien. Cuando terminó el encuentro, vino enseguida a darme la mano y felicitarme por el partido (tal vez lo hizo porque estaba contento porque nos habían ganado), pero para mí lo más importante es el aprendizaje que saqué de aquella experiencia.

En toda relación hay una persona que la lidera, es decir, se juega al juego que esta persona propone. Cuando me comporto de modo reactivo (reacciono automáticamente sin decidir mi respuesta), en realidad estoy siendo débil, ya que es la otra persona la que está liderando la relación y lo que yo siento y hago. Desde mi punto de vista, ser fuerte en una relación no es tratar de imponer mi criterio a los demás a la fuerza, para mí ser fuerte y liderar la relación es decidir cuál es mi camino (cómo me quiero sentir y qué valores quiero honrar) y comportarme de manera coherente con ello.

«Si te perturbas por lo que dice un idiota, ¿quién es más idiota de los dos?».

Hace un tiempo, mi buen amigo Guzmán Martínez Griñán me contó una historia que se ha convertido en una de mis favoritas. Cuentan que, en el cumpleaños de una niña, uno de sus amigos le entregó una caja con un regalo, que la niña abrió con gran alegría. Al ver lo que había dentro, descubrió que estaba llena de estiércol. Para la sorpresa del chaval, la niña se acercó a él para darle las gracias acompañadas de un gran abrazo. El chico, confuso ante la situación, le preguntó: «Si te he regalado una caja llena de estiércol, ¿cómo me das las gracias y un abrazo?». A lo que ella respondió con gran cariño: «Cada uno da lo que tiene». Esta historia nos recuerda que nadie tiene el poder de hacernos daño emocionalmente, a menos que nosotros se lo concedamos.

¡Importante!

Nadie te puede hacer daño emocionalmente, a menos que tú se lo permitas.

El viejo samurái dijo:

—Si alguien te trae un regalo, pero tú no lo aceptas, ¿a quién pertenece el regalo?

—A quien lo trae —respondió uno de sus discípulos.

Lo mismo ocurre con el odio, la envidia y las ofensas.

Mientras no las aceptas, le siguen perteneciendo a quien los trae.

Como hemos visto anteriormente, lo que nos perturba o nos genera paz no es lo que otros dicen o hacen, sino la película que nos contamos. Por ello, para mí es de vital importancia interiorizar una serie de «creencias» que, cuanto más las hagas tuyas, mayor será tu poder para que nadie te pueda hacer daño emocionalmente.

Por estadística, te cruzarás en tu vida personal y en tu trabajo con personas de trato complicado. Es más, cuanto más te afecte lo que dicen este tipo de personas ignorantes, más van a aparecer en tu vida. Tiene toda la lógica del mundo. Si estamos en una sala con cuarenta personas y entra un «tontito» y nos dice a todos: «Sois unos inútiles», y de los cuarenta, yo soy el único que se irrita y empieza a discutir con él, ¿a por quién crees que irá ese tontito mañana? Naturalmente, a por mí, ya que a nivel inconsciente ha aprendido que tiene el poder de influir en mí. ¡Lógico!

Por eso es casi mágico cómo, cuando aprendes a gestionar este tipo de situaciones y de personas, de repente, prácticamente desaparecen de tu vida, ya que, aunque pasen por tu lado, tú ya no eres correspondiente con su ignorancia, por lo que ni te enteras de su presencia.

A lo largo de estos últimos años, he recopilado siete creencias que, una vez las interiorizas, desarrollas un superpoder por el cual ningún «tontito» te puede hacer daño, ni tampoco aquellas personas que tienen el día tonto y sacan el cavernícola que llevan dentro para tratar de agredirte o lograr lo que desean.

Desde hace años, lo han aplicado muchos de mis

alumnos y/o clientes de equipos comerciales, también otras personas que sufren un trato desagradable de algún compañero de trabajo o jefe. Suelen llevarlo presente en una tarjeta que preparamos para recordar estas claves en momentos difíciles. (Puedes descargar la tarjeta para imprimir en la sección Recursos extra gratuitos en <www.fabianvillena.com>).

Estas son las claves para pensar cuando te habla un cavernícola:

1. Nadie te puede hacer daño emocionalmente: la gente dice o hace cosas, la clave es qué interpretación haces tú, y ese poder es solo tuyo.

2. Si te enfadas con lo que el otro dice, te domina: una vez escuché que cualquier tipo de emoción desagradable hacia otra persona como el odio, la ira, la envidia, etc., es como tomarte un chupito de cianuro y esperar que se muera el otro. Aunque sea por egoísmo, procura siempre gestionar estas emociones desagradables para no padecer los daños que conllevan.

3. Da más información de él que de ti: dicen que cuando Pepe habla de Juan, da más información de Pepe que de Juan. Y si prestas atención, así es, ya que sus comentarios te darán información de si se centra en lo positivo o en lo negativo, de si hace generalizaciones o concreta, de si es una persona respetuosa, etc.

4. Si te preocupas por lo que dice un ignorante, ¿quién es más ignorante? Sería absurdo esperar que un «mono» se comporte como un «elefante», por ello, si te perturbaras por lo que dice el mono, serías muy poco inteligente.

5. Es una evidencia que sufre, ten compasión: no hay nadie que esté en paz con la vida y consigo mismo que trate de hacer daño a otra persona. Y tener compasión no es sentir pena, simplemente es que le deseas lo mejor para no vibrar en emociones desagradables, pero no te perturbas por lo que diga.

6. Ser fuerte es «liderar» la relación: como ya hemos visto, si te dejas influenciar por cualquier «tontito», serás el débil de la relación.

7. Es tu gran maestro: no es cómodo encontrarte con personas de este tipo, pero, si lo piensas, son las que te permiten desarrollar tu habilidad para crecer como personas y profesionales.

«Ningún mar en calma hizo experto a un marinero».

Estoy seguro de que la próxima vez que la vida te ponga a prueba a través de algún «tontito», o alguien que te quiera agredir con su cavernícola, verás la situación desde un punto de vista diferente. Cuanto más interiorices los siete aprendizajes que acabamos de comentar, más fuerte serás emocionalmente.

5. Una herramienta para hacerte la vida más fácil

En tu corazón florece
lo que siembras en tu mente.

Para facilitar la comprensión de la técnica que quiero compartir contigo, me gustaría empezar con una metáfora. Imagina que deseas viajar andando a una ciudad que está a unos veinte kilómetros de donde tú estás. Has decidido que vas a hacer ese viaje y se te presentan dos opciones:

1. Ponértelo difícil a ti mismo.
2. Ponértelo fácil a ti mismo.

Por ejemplo, si escoges la opción de ponértelo difícil, podrías elegir ropa inadecuada, como un abrigo de visón si hace calor, introducir piedrecitas en los zapatos de tacón que te has puesto y que, sumado a que son tres números más pequeños que el tuyo, convierten en un auténtico suplicio caminar. Además, no buscas nada de información sobre cuál es la mejor ruta, pero lo arreglas llevándote a tu amigo más negativo que encima no tiene ni idea de cómo hacer un viaje de este tipo. ¡Cómo pinta este plan! Te imagino sufriendo mientras se clavan las piedrecitas en los pies y escuchas a tu amigo decir: «Creo que no vamos bien, deberíamos volvernos. Ya verás tú cómo nos vamos a lesionar». ¿Puedes llegar a tu destino? Poder, poder, lo que se dice poder, puedes.

Lo único es que sufrirás mucho y tendrás muchas probabilidades de ser muy poco eficiente.

En cambio, si tu opción es la segunda, y te rodeas de los estímulos adecuados, el plan será diferente. Imagina que estudias la ruta más adecuada y lees algunas recomendaciones de gente que ya ha hecho una experiencia similar con éxito. La ropa y el calzado que has elegido son los más acertados para que tu camino sea confortable, has escogido la compañía de tu amigo FM que te anima en los malos momentos y te guía, ya que también tiene experiencia en este tipo de viajes. Suena bastante mejor, ¿verdad? Lo lógico es que disfrutarás mucho más del viaje y llegarás antes.

Pues algo parecido nos pasa en la vida. Podemos elegir si nos lo ponemos fácil a nosotros mismos o si preferimos fastidiárnosla de modo innecesario. Yo lo tengo claro, por eso desde hace años soy muy fan de una técnica que me gusta llamar gestión de estímulos.

¡Importante!

La técnica gestión de estímulos consiste en rodearte de los estímulos más adecuados para lograr aquello que tú desees.

Si lo deseas para tu paz interior, equilibrio, salud, ser feliz, etc., sé inteligente y rodéate de los estímulos que faciliten que lo logres.

Hay muchos tipos de estímulos, pero me gustaría destacar tres:

1. Entorno físico: procura que tu entorno, tanto tu lugar de trabajo como tu hogar, sea lo más agradable, organizado y bello posible. Se hace mucho más complicado tener paz en un entorno con desorden y dejadez.
2. Información: si a tu cabeza le echas basura, será eso lo que podrás sacar. Si en cambio, sitias tu mente de información FM, con mucha sabiduría y que te sirva de guía para lograr aquello que deseas, tu vida cambiará de modo radical. Como decía Jim Rohn: «¿Te estás leyendo los libros que facilitarán tener la vida que deseas?».
3. Personas: rodéate de personas FM (FelizMente) que suman. Si tratas de cambiar a personas que están en AM, perderás tu tiempo y tu energía. Respeta y acepta a las personas de tu alrededor que viven en AM, pero trata de pasar el mayor tiempo posible con aquellos que van en FM, te ayudará a crecer como profesional y persona.

En este último punto, es natural que, cuando es un ser querido quien vive en AM, nos invadan creencias limitantes del tipo: «Es de mala persona no preocuparme de fulanito»; «He de hacerle ver que no va por el buen camino»; «Cómo no le voy a dedicar tiempo si es un familiar cercano». ¿Te suenan?

Hay que saber diferenciar cuando alguien pasa por un mal momento, ya que todos necesitamos que nos escuchen, nos comprendan y no nos juzguen. Ahora bien, es distinto el caso de las personas cuyo día a día es quejarse, criticar, dar vueltas a los problemas una y otra vez sin hacer nada para solucionarlos. A aquellas personas que viven en modo AM total, mi sugerencia es que los respetes, que les hagas saber que tu puerta siempre estará abierta si alguna vez desean hacer algo diferente, pero que no estarás disponible para la queja y crítica por rutina.

La siguiente metáfora me ayudó mucho a interiorizar este concepto.* Imagina que tienes un sofá nuevo, precioso, equipado con todo lo que deseas (nevera incorporada, cargador USB, etc.). ¿Permitirías que viniera alguien con un saco de estiércol y llenara todo tu sofá de basura? No, ¿verdad? Y, sin embargo, lo permitimos con nuestra mente. ¿Acaso es menos valiosa que un sofá?

Además, seguir el juego a quien tiene rol de víctima no le beneficia, sino que le ayuda a meterse más en ese papel. Tratar de cambiarle levantará sus defensas y generará un conflicto (¿te gusta que alguien trate de cambiarte cuando no se lo has pedido?). Por ello, la mejor opción es respetar que esa persona decida sobre su vida,

* Escuchada a Óscar Yebra, exjugador de baloncesto que compartió vestuario en la selección española con Pau Gasol, Juan Carlos Navarro y Rudy Fernández, entre otros.

que le muestres que tu puerta está abierta si quiere vibrar en FM en otro momento, pero también es importante que te respetes a ti mismo.

«Para poder respetar a los demás, primero has de empezar respetándote a ti mismo».

Y si tenemos en cuenta que nuestro tiempo es nuestro bien más preciado, cuida muy bien con qué y con quién lo compartes. Como una vez escuché:

«Cambia a esas personas que te hacen perder el tiempo por aquellas que te hacen perder la noción del tiempo» *(anónimo).*

6. Ser feliz en el fango

Prepárate para lo peor, y enfócate para que suceda lo mejor.

Anónimo

Caminaba el discípulo junto a su maestro y, en un punto del camino, el joven le preguntó a su mentor: «A lo largo del camino hemos pasado por situaciones realmente difíciles e incómodas, hemos tratado con personas muy desagradables, en cambio, tú has permanecido con paz imperturbable. ¿Podrías decirme cuál es el secreto?».

El maestro miró a su joven acompañante y, sin decir ni una sola palabra, continuó caminando. Cuando pasaban por al lado de una acequia, el sabio se acercó a su discípulo y, de un fuerte empujón, lo arrojó al sucio lodo. El joven, al conseguir sacar la cabeza, le gritó: «Pero ¿qué haces? ¡Esto es asqueroso, es horrible! ¡Sácame de aquí!».

El maestro, con gran calma, le respondió: «Tú me has preguntado y yo te respondo. Cuando seas feliz ahí abajo, serás feliz en cualquier lado».

La esencia de esta historia la tengo presente a diario, ya que me sirvió para comprender algo que me ha reportado mucha tranquilidad y paz interior y me ayudó a interiorizar una idea realmente valiosa: hay que aprender a ser feliz en el fango.

Si esperas a que todo lo exterior sea como tú deseas, no serás feliz nunca. Si esperas a que ninguna persona de tu entorno esté sufriendo, a que a todos tus seres queridos les vaya bien, o a que tú tengas una buena situación laboral para poder ser feliz, jamás alcanzarás la felicidad. Siempre habrá algún familiar o amigo que lo estará pasando mal, pero con tu sufrimiento no paliarás ni un ápice el suyo. Estando tú de bajón serás de menor ayuda. De lo que se trata es que estés lo mejor posible para poder aportar esa tranquilidad y felicidad a las personas de tu alrededor.

Recuerda la enseñanza de Wayne Dyer:

«No puedes aportar lo que tú no tienes».

Se trata de aceptar que no necesitas esa vida idílica de las series americanas para ser feliz. Se trata de comprender que tu felicidad depende más de tu realidad interna que de tus circunstancias externas. Por supuesto que habrá situaciones y personas que facilitarán o dificultarán tu bienestar, pero este depende más de tu madurez interna, de tu forma de ver y estar en la vida.

Si haces un análisis positivo inteligente, disfrutarás y crecerás, y como por arte de magia empezarán a pasarte cosas maravillosas, ya que estarás desarrollando tu actitud positiva inteligente. Y lo mejor de todo es que, aunque no fuera así y las circunstancias no fueran las más deseables, podrás seguir disfrutando de la vida, tal vez no con la misma intensidad o del mismo modo que cuando el camino es más sencillo, pero seguirás disfrutando del *wabi-sabi* del momento.

De alguna manera implica entrenarnos como lo hacen los pilotos de combate norteamericanos. Según nos explica Martin Seligman en su libro *La vida que florece*, estos pilotos son sometidos a las situaciones más extremas para que aprendan a rendir bien en esos entornos, así, de este modo, si son capaces de saber gestionar las situaciones complicadas, imagina cómo van a rendir cuando las circunstancias sean más sencillas.* Dicho de otro modo, conviene:

* Martin E. P. Seligman, *La vida que florece*, Barcelona, Ediciones B, 2011.

«Estar preparado para aceptar lo peor, pero trabajar para que nos suceda lo mejor».

Me parece una bella forma de encarar la vida: no hacernos expectativas idealistas, sino, por el contrario, estar preparados para escenarios poco deseables, pero en los que ya nos hemos entrenado para dar una buena versión de nosotros mismos mostrando nuestro lado FM.

Cómo desplegar tu API. Resumen para vivir en FM:

- Gestiona tus emociones a través de tus pensamientos y conductas.
- Haz una lista de afirmaciones con las creencias que deseas interiorizar.
- Relativiza dando la importancia adecuada a cada cuestión.
- Actúa como si ya tuvieras el estado emocional que deseas generar en ti.
- Relájate practicando la respiración 4-7-8 (4 segundos, inhalar; 7, aguantar, y 8, espirar).
- Si te enfadas con lo que el otro te dice, te domina. Gestiona lo que otros te dicen o hacen.
- Repasa la tarjeta sobre cómo pensar cuando te habla un cavernícola.
- Aplica la gestión de estímulos: selecciona a las per-

sonas, la información y el entorno adecuado para lograr lo que deseas.

- Aprende a ser feliz en el fango. no puedes aportar lo que no tienes.

Este enlace te lleva al canal de YouTube de Actitudes Positivas TV con contenido de valor:
https://cutt.ly/tgBBrT6

7

ACTITUD POSITIVA
Entrenamiento para vivir en FM

No existe el mal tiempo,
simplemente hay ropa inadecuada.

WALTER ZANDER

La decisión más importante de tu vida
es decidir si vives en un universo hostil
o en un universo amistoso.

ALBERT EINSTEIN

Cuando cambias la forma de mirar las cosas,
las cosas que miras cambian.

WAYNE DYER

Hay personas que, por naturaleza, ya nacen con la predisposición para vivir en FM (FelizMente); otros, en cambio, tenemos que entrenar mucho esta habilidad para desarrollarla. Lo bueno es que se puede trabajar, y con entrenar la mitad de lo que haríamos en un gimnasio para ejercitar nuestro físico podemos lograr grandes mejoras para conectar con nuestro lado FM y desplegar nuestra actitud positiva inteligente.

Hay dos cuestiones clave que nos debemos plantear:

1. ¿Cuáles son los principales indicadores para saber si vivo en FM?
2. ¿Qué puedo hacer para entrenar y desarrollar mi lado FM?

Lo curioso es que las dos preguntas tienen la misma respuesta. Suelo decir que las personas que están en AM se quejan de todas las personas y de todas las circunstancias. En cambio, si quieres sintonizar con tu lado FM, mi recomendación es:

¡Importante!

Para vivir en FM has de ver lo bueno de cada persona y de cada circunstancia.

De mi amigo Alejandro Hernández Seijo aprendí una metáfora que él aplica al área de las ventas, pero que es igualmente válida para cualquier área.* Imagi-

---

* Metáfora extraída de Alejandro Hernández Seijo, *Vender es fácil, si sabe cómo*, Barcelona, Alienta, 2013.

na que vas al río a pescar, pero solo quieres un determinado tipo de pescado, en concreto te interesa el «pez positivo». Pero sabes que en un río hay de todo, desde residuos que tira la gente o piedras hasta algunas especies de peces con muchas espinas y que no nos interesan, algas, etc. Pero entre toda esa broza de vez en cuando aparece un pez positivo, y es ahí donde reside la diferencia entre las personas que están en frecuencia AM y FM.

¡Importante!

La clave que diferencia al AM del FM es dónde invierte su tiempo, atención y energía.

Los AM llevan la atención a lo negativo, a lo que no funciona bien, es decir, a la broza. Malgastan su tiempo con las tontadas (cosas poco importantes) y luego se quejan de que les falta tiempo. Consumen su energía quejándose, preocupándose y entrando en conflicto con otros que también viven en AM. Disfrutan y pescan muy poco porque pierden gran parte de su tiempo, atención y energía distraídos con la broza.

En cambio, las personas que sintonizan en FM dedican su tiempo a lo importante, a lo positivo y constructivo. Por supuesto que son conscientes de que en el río hay broza, pero no centran su atención en ella, simplemente la dejan pasar porque saben que forma parte de la vida. Ellos entrenan su atención en detectar peces positivos. Saben que su tiempo es su bien más preciado, por eso no lo desperdician con tonterías ni entrando en discusiones que no les van a reportar nada bueno. Entrenan su mente para no preocuparse, ya que son conscientes de que eso es lo que más energía consume, y deciden ocuparse de aquello que depende de ellos (su zona de influencia). En definitiva, dedican su tiempo, atención y energía a tratar de ver lo bueno que hay en cada persona y en cada circunstancia. Disfrutan y pescan mucho más por un sencillo motivo: están centrados en optimizar su tiempo poniendo toda su atención y energía en pescar peces positivos sin distraerse con la broza.

Una de las cualidades que diferencia a las personas con actitud positiva inteligente es que se sienten afortunadas, aunque sean conscientes de que en la vida hay situaciones desagradables.

Los estudios del psicólogo Richard Wiseman demuestran que esa forma de verse a sí mismos condiciona los resultados que logran en las diferentes facetas de la vida.* En uno de sus experimentos pidió a los participantes que contaran el número de fotografías

* Extraído del experimento R. Wiseman: <http://www.richard wiseman.com/resources/The_Luck_Factor.pdf>.

que aparecían en un periódico. Los resultados fueron llamativos, ya que las personas que se consideraban «suertudas» terminaron la tarea en pocos segundos, mientras el grupo que se percibían como «desafortunados» tardaron de media unos dos minutos. Lo curioso es que, en la segunda página del periódico, y sin previo aviso, el psicólogo había introducido un anuncio que ocupaba la mitad de una página y donde se podía leer la solución: «Deja de leer, hay cuarenta y tres fotos». Los resultados mostraron que las personas que van por la vida con una actitud negativa pensando que tienen mala suerte suelen prestar menos atención a las oportunidades que el entorno les ofrece, mientras que las personas con actitud positiva inteligente que viven en FM están más atentas y receptivas a encontrar, generar y aprovechar las oportunidades que la vida les brinda.

Tú eliges qué habilidad quieres entrenar: tu lado AM acompañado de una actitud negativa o tu lado FM con una actitud positiva. Como decía Winston Churchill:

«Soy optimista. No parece muy útil ser otra cosa».

1. La clave más poderosa para vivir en FM

Todo tiene su lado bello, pero no todos lo ven.

Andy Warhol

Hay una historia real que se me quedó grabada. Cuentan que un multimillonario organizó una fiesta básicamente para una cosa: vacilar de lo bien que le iba y de lo que había ganado con su último golpe en los negocios. Cuando estaba celebrándola, se encontró con una persona que no conocía. Se acercó y, al hablar con él, descubrió que se trataba de un escritor de gran reconocimiento. La primera pregunta del multimillonario era de esperar: «Con eso de escribir libros, ¿se gana mucho dinero?». El escritor le hizo saber que, obviamente, estaba lejos de ganar lo que él ganaba, pero que le iba muy bien. «Es más —prosiguió el escritor—. He de decirte que yo tengo algo que tú no tienes». ¡Qué le había dicho al ego del acaudalado organizador de la fiesta! Respondió: «No puede ser, yo tengo de todo. Tengo casas, empresas, coches, barcos, hasta una isla me he comprado». El literato reiteró: «Insisto, tengo algo que tú no tienes». Entre sorprendido e irritado, preguntó el rico: «¿Qué es?, ¿qué es eso que tú tienes y yo no tengo?». El escritor zanjó la conversación con una simple palabra: «Suficiente». Eso era lo que él tenía, suficiente.*

* Extraído y adaptado de Luis Álvarez, *El éxito*, Barcelona, Martínez Roca, 2015.

No se trata de hacer un discurso contra el dinero y la riqueza, para nada. Soy el primero que creo que es importante tener una sana relación con el dinero y uno de mis objetivos es ser libre financieramente, si bien también soy consciente de que mi felicidad no puede depender del dinero que tenga. Como dice el refrán:

«Si no eres feliz con lo que tienes, tampoco lo serás con lo que te falta».

Entonces ¿dónde está el secreto para conectar con nuestra frecuencia FM?

La clave más importante para vibrar en FM es el agradecimiento. Es imposible sentir miedo o cualquier otra emoción desagradable mientras estás siendo agradecido. Además, practicar el agradecimiento no solo cambia químicamente tu cerebro (se dispara la dopamina, vinculada a la sensación de felicidad, placer y vitalidad, y disminuye el cortisol, hormona relacionada con el estrés), sino que, cuando aplicas el ejercicio de agradecimiento con otra persona, produces en ella beneficios similares.* Es más, los observadores de un acto de generosidad y agradecimiento también se ven influidos por estos beneficios. Es alucinante cómo con tan poco se pueden producir tantos beneficios en tantas personas.

* Extraído del blog Neurodoza: <https://neurodoza.com/que-efectos-tiene-la-gratitud-en-nuestro-cerebro/>.

Hay un estudio realizado en el departamento de psiquiatría de la Escuela de Medicina de Harvard, en el que los investigadores pagaron a veintisiete personas para que jugaran al Tetris durante varias horas al día durante tres jornadas seguidas. ¿Qué crees que ocurrió cuando pasaron esas tres jornadas? Pues que los participantes no podían dejar de ver piezas de Tetris allá donde mirasen (iban por la calle, veían dos edificios, y pensaban: «Ahí en medio se puede meter otro»). A las conclusiones de aquel estudio se las denominó «efecto Tetris», que consiste en que, cuando entrenamos mucho nuestro cerebro realizando unas determinadas funciones, terminamos procesando la realidad en función de los patrones mentales que hemos desarrollado con entrenamiento.* Por ejemplo, hay personas que vibran en AM porque llevan años de entrenamiento detectando cosas negativas (son capaces de ver el fallo, el error, allí donde casi nadie se fijaría).

Lo bonito que demostró este experimento es que, si funciona para un lado (detectar cosas negativas), también puede funcionar hacia el otro lado (encontrar y disfrutar de los peces positivos que hay en nuestro día a día).

---

* Estudio recogido en Shawn Achor, *La felicidad como ventaja*, Barcelona, RBA, 2011.

2. Herramientas para vivir en FM

Cada persona es el arquitecto de su propio cerebro.

Santiago Ramón y Cajal

Cada uno nacemos con una predisposición genética a vibrar más en AM o en FM, pero, como hemos podido comprobar científicamente, todos tenemos un margen en el que nos podemos hacer a nosotros mismos, es decir, independientemente de tu genética, si te entrenas mucho para vivir en FM (FelizMente), cada vez desarrollarás más esta capacidad. Y la mejor forma de entrenar y desarrollar esta virtud es a través de ejercicios de agradecimiento.

Martin Seligman es considerado como uno de los principales referentes de la psicología positiva y, tras más de veinte años de investigación, comenta que el ejercicio que ha demostrado que mejor resultado da a medio y largo plazo para ser feliz es lo que a mí me gusta llamar el juego de las tres cosas buenas (te lo puedes descargar en la sección Recursos extra gratuitos en <www.fabianvillena.com>). Llevo años practicando este juego con mis hijas. Cada noche, antes de dormirse, les pido que me digan al menos tres cosas buenas que les han pasado a lo largo del día (los «positivos» que han pescado). Lo que consiguen con este ejercicio es entrenar su mente para detectar y saborear las cosas positivas del día. Por eso, lo que más me gusta es cómo termino el ejercicio con mis hijas. Les digo: «Tali, Naia, hoy os han pasado muchas cosas positivas y mañana también os pasarán muchas más, así que ¿qué vais a hacer mañana?». A lo que ellas me responden: «Estar bien atentas». Y les vuelvo a preguntar: «¿Para qué vais a estar atentas?». Y ellas dicen: «Para encontrar muchas cosas bonitas». Y yo continúo: «¿Y qué vais a hacer cuando encontréis las cosas bonitas?». Inmediatamente responden: «Disfrutarlas mucho y decirlas en el juego de las cosas bonitas». Les pido que me digan ellas todas estas cosas para que interioricen algo que para mí es de vital importancia:

¡Importante!

Más que dejarme la vida en tener más cosas, lo más importante es disfrutar lo máximo posible de lo que ya tengo, hago y soy.

También puedes realizar otro ejercicio de agradecimiento muy similar al anterior con la herramienta online gratuita de mi amigo José María Palacios. La tienes en <www.diariodeagradecimientos.com>. Te recomiendo que la pruebes.

Desde hace unos años, comencé a colaborar con Cruz Roja y, entre nosotros, no voy a ir de «bueno»: una de las razones por las que empecé allí fue para ir sumando horas de experiencia como formador. Años después, si todavía continúo, es porque me aporta mucho. A los talleres que yo imparto, dentro de un plan de mejora de la empleabilidad, asisten personas que están en una situación bastante crítica, algunos de ellos no tienen casi ni para dar de comer a sus hijos.

El primer taller de ese plan de mejora laboral se lo facilito yo, y tiene una parte complicada hablar de motivación y actitud positiva a personas que asisten medio forzados y que pueden llevar años sin empleo en una situación muy difícil. Tengo grabada en la mente lo que me dijo un señor en uno de estos talleres: «Fabián, todo esto está muy bien, pero tú no sabes lo que es abrir la puerta del frigorífico y no tener nada para darles a tus hijos». Mi objetivo allí es que puedan ver las cosas desde otro punto de vista y que se centren en aquello que sí pueden hacer para mejorar su empleabilidad y tener mayores probabilidades de que les vaya mejor. Y si sigo colaborando con la formación en Cruz Roja, es especialmente por dos motivos:

1. Aunque el porcentaje es menor de lo que me gustaría, siempre hay asistentes a quienes les sirve y, de vez en cuando, meses después vuelvo a encontrarme con algunos de ellos y me cuentan su experiencia de cómo han aplicado algo que les ayudó a mejorar su situación.

2. Desde que voy allí, he aprendido a no quejarme nunca por «cosas menores» al ver a personas que están pasando por una situación tan complicada y que muchas de ellas, además, demuestran una actitud

fantástica. Me ayuda a sentirme más agradecido con la vida y a darme cuenta de que muchas de las cosas que llamamos normales porque podemos disfrutarlas a diario en realidad son extraordinarias.

A partir de mi experiencia en Cruz Roja, desde hace unos años practico un juego que es brutal para conectar con tu lado FM, lo llamo «¡qué suerte tengo!». Mi recomendación es que tomes el hábito de hacerlo todos los días en el mismo horario. Puedes anclarlo con algo que suelas hacer diariamente, por ejemplo, a mí me gusta practicarlo cuando llevo a las niñas al cole. Consiste en buscar argumentos para pensar «¡qué suerte tengo!». Puedes empezar siempre la frase con esta misma coletilla, por ejemplo:

- «¡Qué suerte tengo de poder llevar a mis hijas al colegio!» (con mi trabajo anterior no me era posible).
- «¡Qué suerte tengo de que mis hijas tengan salud!».
- «¡Qué suerte tengo de hacer un trabajo que haría gratis y encima cada vez me pagan mejor!».
- «¡Qué suerte tengo por poder disfrutar de mi pareja!».
- «¡Qué suerte tengo de tener a mis padres aún con vida!».
- Etcétera.

Y así me puedo tirar un par de minutos. Es alucinante cómo entro en otro estado de ánimo, cómo empiezo a vibrar en FM y, de repente, mi miedo desaparece y mi cuerpo se llena de confianza y amor. Solo puedes saber a qué me refiero probándolo.

Una variante de este ejercicio es la que aplico cuando me sucede en la vida algo malo o negativo. Por ejemplo, al rechazarme un cliente una propuesta en la que le había puesto mucho cariño e ilusión. Es entonces cuando aplico la técnica de «afortunadamente», tan sencilla como decir al menos tres frases en relación con ese asunto y que empiecen por «afortunadamente»:

- «Afortunadamente, he aprendido cosas nuevas al preparar la propuesta que podré aplicar en otras futuras».
- «Afortunadamente, mi estabilidad profesional no depende solo de esta propuesta».
- «Afortunadamente, tengo muchos más proyectos que me ilusiona hacer».

Lo bonito de estas tres técnicas es que, además de ser muy sencillas, son realmente eficientes para lograr grandes beneficios con muy poquito esfuerzo.

3. Unas herramientas solo para valientes

> Una persona con valor exterior se atreve a morir,
> una persona con coraje interior se atreve a vivir.
>
> LAO-TSE

La vida no va de no tener miedo, sino de actuar a pesar de él. Si, además, lo haces con coraje (poniendo el corazón), la vida cobra otra dimensión al liberarte de las «corazas del qué dirán» y mostrarte auténtico y genuino. Es entonces cuando muchas personas de tu entorno parecen sentirse con permiso para hacer lo mismo y se generan relaciones fantásticas libres de imposiciones y llenas de oportunidades.

Dicen que lo contrario al miedo es el amor, así que, cuanto más amor pongas a todo aquello que hagas, más libre de miedo estará tu vida.

Si te cuento todo esto es porque desde pequeño yo aprendí que ser valiente era no tener miedo, que ser fuerte era no llorar y no mostrarme sensible, que los «te quiero» son innecesarios porque se dan por hecho, y que los abrazos son algo que dan otros. De repente, un día, al hacer un simple ejercicio de agradecimiento, comprendí cuánta valentía se necesita en ocasiones para dar las gracias y decir «te quiero».

En un seminario al que asistí de mi amigo Josepe, este nos dio unos minutos para llamar a dos conocidos para darles las gracias por algo que nos hubieran aportado. La primera llamada fue para mi amigo Fran Torreblanca, una de las personas que más me ayudaron en mis inicios y del que he aprendido mucho. La segunda llamada, la que me resultaba mucho más incómoda, quería hacerla a mi padre. Mi padre era una persona que demostraba cada día que te quería, aunque no recuerdo que me lo hubiera dicho nunca; que a veces te manifestaba cariño a su manera, pero que también le bastaba con una mirada para hacerte saber lo que no debías hacer. Hacía años que yo tenía ganas de decirle «gracias» y «te quiero», pero nunca lo había logrado. En cambio, en alguna discusión, sí que le había dicho en el pasado que yo en su momento no había estudiado por su culpa (una evidencia de mi antiguo victimismo). Así que llené mi cuerpo de aire, tomé mi teléfono y marqué el número de mi padre. Mientras sonaban los pitidos de espera, mi vocecilla guiada por mis nervios me decía: «Que no lo coja, que no lo coja...». Pero lo cogió. Me dijo: «Dime, Fabi. Qué quieres». Y, en esos momentos, de mi garganta salió un hilillo de voz diciendo: «Papa, muchas gracias por... dejarme el coche para venir a Madrid». No pude en ese momento decirle todo lo que le quiero, no pude darle las gracias a él y a mi madre por haberse dejado la vida por mí y mis hermanos, y por haberme aportado lo más valioso que se le puede aportar a un hijo: los valores a través del ejemplo. No pude ese día. Él respondió: «Ya ves. Qué tonto, para eso me llamas. Ya sabes que lo que necesites».

Un tiempo después, la vida nos avisó de que tal vez en el futuro no hubiera segundas oportunidades, por eso ahora es frecuente que los abrace, a él y a mi madre, e incluso alguna vez me he atrevido a decirles que los quiero.

¿Te gustaría sentirte más feliz a lo largo del próximo mes? Martin Seligman propone un ejercicio similar al que yo realicé y que, según demuestran sus investigaciones, tanto quien lo emite como quien lo recibe obtiene resultados fantásticos, como, por ejemplo, subir su nivel de felicidad durante un mes. Se trata de hacer una carta de agradecimiento.*

Los pasos serían los siguientes:

Paso 1

Piensa en alguien que esté vivo y por quien te sientas agradecido. Puede ser un familiar, un amigo o alguien relacionado con tu trabajo o estudios.

Paso 2

Escríbele una carta de agradecimiento de unas trescientas palabras (la cara de un folio más o menos). Concreta qué es lo que más valoras de él o ella, y cómo ha contribuido a que tu vida sea más satisfactoria.

---

* Extraído de Seligman, *La vida que florece.*

Paso 3

Queda en persona y léesela en voz alta, luego regálasela. Si en esos momentos no puedes leerle la carta en persona, puedes hacer una videollamada o leérsela por teléfono (aunque siempre que se pueda es más potente hacerlo en persona).

Quien hace este ejercicio, vive una experiencia realmente inolvidable.

Hay personas que me dicen: «Si yo ya soy una persona agradecida, suelo dar las gracias a menudo». Pero lo que se propone en este ejercicio es algo más profundo, ya que, a menudo, damos las gracias por cosas menores, como que nos traigan un vaso de agua o que se hayan acordado de comprarnos algo que necesitábamos. Lo realmente estimulante del ejercicio es hacerlo por cosas importantes de la vida, y que tal vez por hacerlas a diario dejamos de apreciarlas y de reconocerlas, como puede ser el cuidar de nuestros hijos, apoyarnos cuando más lo necesitábamos, etc.

¿Te atreves con este ejercicio? ¿Cuál es la primera persona que te viene a la cabeza? ¿A quién te gustaría hacerle este regalo? Mi invitación en este preciso momento es que simplemente des un paso, algo tan sencillo como mandarle un mensaje y preguntarle: «Me gustaría hablar contigo quince minutos, ¿cuándo te vendría bien vernos?». El resto ya vendrá rodado puesto que ya habrás quedado y estoy seguro de que encontrarás el tiempo y los medios para escribir la carta. Te animo a que especifiques qué valoras en concreto y cómo ha influido positivamente en ti, en definitiva, que le hagas saber que tu vida es mucho mejor gracias a su aportación.

Cuando hagas el ejercicio, si deseas contagiar de buen rollo a más personas, puedes compartir tu experiencia en redes sociales con el hastag #CartaAgradecimiento FM; estaré encantado de vibrar en FM con tu experiencia.

4. Con humor la vida es mejor

Mi vida es una lucha constante entre el bien y el bar.

ALCOHÓLICO ANÓNIMO

No confíes en la gente que se levanta temprano.
Si pueden hacer eso, quién sabe de lo que son capaces.

FUNCIONARIO ANÓNIMO

Para anticuerpo, el que se me está quedando.

CONFINADO ANÓNIMO

Es conocido que los beneficios del sentido del humor son infinitos. Destaco unos cuantos:*

---

* Extraído de la web Psicología y Mente: <https://psicologia ymente.com/psicologia/beneficios-sentido-del-humor>.

- Reduce el estrés y permite afrontar los problemas con más facilidad.
- Atrae a otras personas.
- Ayuda a la memoria de largo plazo.
- Estimula el sistema inmunológico y ayuda a que estés más fuerte y sano.
- Facilita que te relajes.
- Te hace más feliz.
- Capta la atención del oyente.
- Mejora la salud en general y la del corazón en particular.

Pero, para mí, lo mejor del sentido del humor es que te ayuda a ver la vida en FM, te hace más llevaderos los malos momentos y, cuando desarrollas la facultad de reírte de ti mismo, te conviertes en alguien a quien nada ni nadie puede ofender. Y, como verás en este apartado, lo podemos aplicar en múltiples áreas:

El humor en el trabajo

Recuerdo que cuando empecé en el negocio familiar de venta de calzado en los mercadillos, durante un tiempo lo llevé bastante mal, estaba lejos de las expectativas que yo me había hecho cuando era niño. Pero si hubo un factor que me ayudó a tomarme mi trabajo de otra manera, fue cuando empecé a aplicar el sentido del humor en mi día a día laboral. Bien aplicado, con mis clientas, me servía para generar cercanía y vender más, pero con quien especialmente me lo pasaba bien era con algunos de mis compañeros de trabajo (en los mercadillos te encuentras con verdaderos artistas). En concreto, había un compañero al que le guardo un gran cariño, Juan, con el que coincidía un par de días a la semana. Teníamos buena afinidad, y especialmente él tenía mucha mucha paciencia conmigo. Me encantaba gastarle bromas, como ponerle carteles sin que se diera cuenta en los que anunciaba promociones a sus clientes.

En Carcaixent estábamos uno frente al otro al comienzo del mercado, justo al lado de una calle donde no paraban de circular coches, por lo que, prácticamente, podían comprarnos casi sin bajar del vehículo, como si fuera un McAuto. Así que, un día, cuando se descuidó, le puse un cartel en su puesto que ponía: «Camiseta + patatas fritas + refresco: 9 €». Estaba genial ver las caras de la gente cuando leían el cartel, hasta que alguien le preguntaba por la promoción y se acababa el chiste.

Años más tarde, en mi actual trabajo, estando de ronda de conferencias por diferentes ciudades de Colombia, mis compañeros y yo nos sentíamos cansados de escucharnos unos a otros la misma conferencia. En este viaje me acompañaban Tuyo Isaza, un magnífico *speaker* mexicano, Pablo Ferreirós y David Juárez, expertos en neuromarketing de la Universidad Politécnica de Valencia (UPV). Un día, antes de una mesa redonda en una prestigiosa escuela de negocios colombiana, veníamos agotados de la sesión que impartimos por la mañana en otra ciudad y necesitábamos subir nuestra energía. Fue entonces cuando Tuyo comentó que él, a veces, hacía un juego con otros conferenciantes. Consistía en que, justo antes de salir al escenario, decían una palabra que no tuviera nada que ver con el tema de la ponencia, y ganaba el que más veces citara esa palabra. Nos vinimos arriba con la idea y, como teníamos unos minutos para ensayar, hicimos una pequeña prueba con la palabra «pingüino». Al principio, resultaba muy ingenioso cómo insertarlo para que tuviera sentido, pero, como somos muy competitivos, vimos que se nos iba de las manos; por respeto a la institución que nos había invitado, decidimos abortar la misión.

Cuando llevábamos un rato de mesa redonda y la energía estaba bajando, de repente, David Juárez dijo algo así como: «Percibimos mejor las cosas cuando hay contraste, como, por ejemplo, los colores blanco y negro de un pingüino». En ese momento, Tuyo Isaza saltó de la silla y se quedó mirando al resto, como diciendo: «¡Ha dicho pingüino!, ¿verdad? ¡Lo ha dicho! ¡Se ha abierto la veda!». Así fue como conseguimos revertir nuestra energía, disfrutar más de nuestra participación en la mesa redonda y generar una experiencia que todavía hoy recordamos con una gran sonrisa.

Mi sugerencia es que trates de incorporar el humor en tu trabajo, ya que bien aplicado te servirá para disfrutar más y ser más productivo. Lógicamente, unos trabajos son más propicios que otros, ya que hay sectores que son más reacios, pero al menos se puede tratar de incluir una pequeña dosis de humor en nuestra relación con los compañeros o en el trato con el cliente, siempre con respeto y saber estar.

Que no te pase como al cómico Raúl Cimas en uno de sus monólogos, quien contaba: «Me han despedido por aplicar el sentido del humor en mi trabajo, aunque no pasa nada, todavía quedan más tanatorios en los que trabajar. A mi jefe no le gustó mi número del ventrílocuo».

El humor como escudo para los ataques

Winston Churchill era conocido por su sentido del humor y también por sus acaloradas disputas en el Parlamento. En una ocasión, una legisladora que odiaba a Churchill, le dijo en público: «Si yo fuera su esposa, pondría veneno en su café».

La réplica de Winston ya ha pasado a la historia. Ante el intento de ataque, respondió: «Si yo fuera su marido, me lo bebería».

El humor puede servir para devolver los argumentos expuestos y también para desmontarlos cuando tratan de ofenderte. Si eres tú mismo el que te ríes de ti, le mandas la señal a la otra persona de que por ese camino no tiene la posibilidad de ofenderte.

El humor para mejorar relaciones

Cuando empecé a trabajar con mi madre, en mi primera etapa había mucha tensión y conflictos; ambos nos parecemos bastante y luchábamos por llevar razón. Con el tiempo, conseguimos introducir el sentido del humor y la relación mejoró mucho. Cuando mi madre iba a pedir los bocadillos para almorzar, como algunos tenían nombres particulares (como Chivito, Brascada, Pepito, etc.), de vez en cuando me gustaba pedirle algo que no existiera y fuera surrealista. En una ocasión, le pedí que quería un San Bernardo poco hecho. Cuando encargó el bocadillo al dueño del bar, que ya se había convertido en amigo nuestro, le respondió: «Me parece, señora Reme, que su hijo le ha vuelto a gastar una broma. De momento no cocinamos a ningún perro».

Desde hace unos meses, nos encanta ver en familia por la noche *Modern Family*, una serie de humor que nos permite disfrutar juntos y nos da pie a hacernos bromas en nuestro día a día. Este hábito, además de ser un momento para compartir juntos, nos ayuda a conectar todos en FM (FelizMente) y a hablar el mismo idioma.

El humor para la gestión de los errores

Todos podemos dejarnos llevar por el cavernícola que llevamos dentro y cometer algún error. Esto es lo que le pasó al presidente de un club de fútbol, en concreto al del Extremadura UD, Manuel Franganillo. En la tensión de un partido, se dirigió al árbitro del VAR* llamándole «cara mojón», insulto que le llevó a recibir dos partidos de suspensión.

Al salir esta noticia en muchos medios de comunicación nacionales, se hizo viral su desliz, y muchas personas hacían bromas con su particular insulto. Según él mismo señalaba en una entrevista en el programa *El Partidazo de COPE*: «Mi padre me preguntaba qué había hecho, porque todo el mundo lo iba saludando por la calle «¿Qué pasa, cara mojón?». Gracias a tomárselo con humor a lo que había sido un error y se había convertido en un problema, decidió darle la vuelta. Tras pedir las correspondientes disculpas al técnico del VAR, y como tenía un negocio familiar de destilería, decidió sacar un licor llamado «Cara Mojón», acompañado de la frase «El sabor del VAR». Puedes imaginar toda la publicidad gratuita que tuvo de los medios de comunicación y de las redes sociales.

El humor para incorporar hábitos saludables

Yo tengo un criterio muy sencillo para elegir las películas o series que veo: una de dos, o son de humor, o me

---

* VAR es la sigla con la que se conoce a la asistencia al árbitro por vídeo (en inglés, *Video Assistant Referee*). Se trata de un sistema implementado por la FIFA con el fin de eliminar los diferentes errores arbitrales, y se utiliza en algunas competiciones del mundo.

tienen que aportar mucho en otro plano (que me inspiren o que me dejen una gran metáfora para aplicar en mi vida). Con este criterio podrás imaginar que los dramas no son una de mis preferencias. Respeto muchísimo lo que los demás hagan con su vida, pero yo tengo claro que solo quiero para mí aquellas cosas que me ayuden a estar mejor. Cuando me dicen: «Sí, es un drama, pero es muy realista», suelo responder: «Para eso ya tengo la realidad».

Para mí descansar bien por la noche es un asunto importante, y más que las horas de descanso creo que es aún más relevante que sean horas de descanso de verdad. Por ello, desde hace años, siempre me duermo escuchando mi serie favorita de humor, *Seinfeld*. Considero que es muy importante cuál es la última información que entra en nuestra cabeza antes de conciliar el sueño, ya que he comprobado que eso influye en la calidad del descanso.

Desde que he adquirido este hábito, no tengo pesadillas, me ayuda a no desvelarme y entrar en vibraciones positivas. En iVoox tienes esta serie en formato audio y, al escucharlo sin luz, también facilita el sueño.*

---

* iVoox es una plataforma donde reproducir, descargar y compartir audios de todo tipo de temáticas y géneros.

5. Recomendaciones extra para entrenar tu lado FM

No puedes tener una vida positiva y una mente negativa.

JOYCE MEYER

Cuentan que, en una ocasión, a la madre Teresa de Calcuta le pidieron que se uniera a una marcha que habían organizado contra la guerra. La respuesta de la monja sorprendió a todos, ya que dijo que no iba a acompañarlos. Cuando le preguntaron cuál era la razón para tomar esa decisión, dijo algo que, desde que lo escuché, he procurado que forme parte de mi filosofía de vida. Ella respondió:

¡Importante!

El día que tú organices una marcha a favor de la paz, yo iré. Yo nunca voy contra nada ni contra nadie, voy a favor de…

Y algo que me parece fundamental para desplegar tu actitud positiva inteligente y vivir en FM es no malgastar tu tiempo, tu atención y tu energía en ir contra algo o contra alguien, oriéntate en ir a favor de lo que deseas. Este simple consejo te aseguro que te puede ahorrar muchas guerras y enemigos. Si bien es cierto que hay personas que se cabrean cuando no haces lo que quieren al no entrar en la lucha, con el tiempo comprobarán que no tienes nada personal contra ellos. Pero lo más importante es que no estás sintiendo emociones que consumen tu energía como son la ira, el odio, la rabia, etc., grandes facilitadores de la frecuencia AM.

Al practicar esta recomendación, verás que te nace tener pequeños actos de amabilidad que harán que aún vibres más en FM (FelizMente).

Te voy a poner unos pequeños ejemplos con los que mejorarás tu día y el de quienes se crucen en tu camino:

- Cuando conduzcas, al llegar a un cruce, deja pasar a otra persona.
- Si alguien que te atiende en un negocio es amable, díselo.
- Cuando te cruces con un vecino o vecina, sonríe y saluda (o con desconocidos).
- Haz el esfuerzo de llamar a las personas por su nombre (puedes anotártelo).
- Deja el café pagado en una cafetería para el siguiente cliente después de ti.

Puede parecer que son pequeñas cosas, pero de alguna forma le estás mandando el mensaje a tu inconsciente de que eres una persona que vibra en FM, que vives en abundancia y en buena sintonía, y eso lo cambia todo.

Para terminar este capítulo, me gustaría compartir

contigo doce actividades que la ciencia ha demostrado que funcionan para desarrollar nuestro lado FM y aumentar nuestra felicidad.

Es de nuevo Sonja Lyubomirsky la que, a través de sus estudios, nos aporta esta pequeña guía al alcance de cualquiera de nosotros y, como podrás observar, muchas de estas actividades ya han sido recomendadas a lo largo del libro:*

1. Expresar gratitud.
2. Cultivar el optimismo.
3. Practicar la amabilidad y la generosidad.
4. Cuidar las relaciones.
5. Manejar la adversidad.
6. Practicar el perdón.
7. Dedicar tiempo a actividades que te gusten.
8. Saborear las alegrías de la vida.
9. Cuidar de tu cuerpo y tu mente.
10. Comprometerte con tus objetivos.
11. Buscar un sentido a tu vida.
12. Evitar pensar demasiado y la comparación social.

Procura cada día tener esta lista presente y practicar alguna de estas actividades para desplegar tu actitud positiva inteligente y conectar con tu sintonía FM.

---

* Extraído de Sonja Lyubomirsky, *La ciencia de la felicidad*, Barcelona, Books4Pocket, 2011.

(Te puedes descargar una infografía con la lista de estas doce actividades en la sección Recursos extra gratuitos en <www.fabianvillena.com>).

6. Confía en la vida

> Si supieras quién te acompaña en cada momento,
> jamás volverías a sentir miedo.
>
> WAYNE DYER

Hemos llegado al final del libro y tienes una decisión que tomar: ¿quieres vibrar en AM o te comprometes a vivir en FM? Reflexiona por unos instantes, ya que de esta decisión depende en gran medida cómo va a ser tu vida de aquí en adelante.

Si te dejaras llevar y cayeras en la frecuencia AM, tu ego tomaría el mando, desperdiciarías tu vida, simplemente sobrevivirías. Y si siguieras ese camino, cuando estuvieras en tu lecho de muerte, tal vez te surgiría esa pregunta que se hacía Iván Ilich en el cuento de León Tolstói: «¿Y si toda mi vida ha sido un error?».

Afortunadamente, al contrario de lo que le ocurrió a Iván, tú aún estás a tiempo de elegir.

Como suelo decir:

«No creo que vengamos a esta vida solo a pagar facturas y ver Telecinco».

Y no te digo que no hagamos eso también, pero no creo que sea el objetivo último de nuestra existencia, la vida es algo más. Como ya te he comentado, la vida es un auténtico regalazo, llena de milagros y de gente maravillosa, y solo has de conectar con tu lado FM para descubrir cómo percibes de un modo distinto todo lo que ocurre a tu alrededor. Casi por arte de magia, te darás cuenta de cosas que antes no percibías. Por ejemplo, te darás cuenta de que, cuando tratas a las personas de un modo distinto (en FM), favoreces que ellos te muestren otras facetas suyas (su lado FM). Descubrirás que vivimos en un mundo infinito de oportunidades, donde solo se requiere la mirada adecuada y actuar desde el amor para que la magia suceda, para crear «buena suerte».

La grandeza de vivir en FM es que no necesitas que cambie nada fuera, basta con realizar este cambio de vibración dentro de ti para revolucionar tu vida y la de quienes te rodean. Inspirado en una de las reflexiones de Marcel Proust, te diría que:

«El verdadero descubrimiento no consiste en buscar nuevos paisajes, sino en mirar con nuevos ojos».

Y así es como me quiero despedir, no con un adiós, sino con un hasta pronto, compartiendo algunas de las cosas más valiosas que he aprendido en mis cuarenta y pico años de vida. Rescatando algunos de los aprendizajes más positivos de personas maravillosas que se han cruzado en mi camino. Algunas son famosas y reconocidas, pero muchas de las que más huella han dejado en mí son héroes anónimos, que me enseñaron cosas tan valiosas como:

- Es mucho más importante apoyarnos en nuestras fortalezas que poner el foco en nuestras debilidades.
- La mayor muestra de valentía es atreverse a ser uno mismo.
- La verdadera grandeza no está en hacer cosas extraordinarias, sino en hacer de forma extraordinaria las pequeñas cosas.
- Lo más importante de una persona es su capacidad de amar.
- Es mucho más bonito iluminar que deslumbrar.
- Una vida tiene más valor cuando aporta valor a la vida de otros.
- Lo único que te llevarás de esta vida son las experiencias que hayas vivido.
- Estamos rodeados de milagros, y solo hay que prestar atención para disfrutarlos.

Por favor, confía en la vida, confía en los demás, confía en ti. Cuando haces eso, de repente, aparecen los milagros en tu vida, eso sí, los milagros bien entendidos. Decía Anthony de Mello algo que me parece realmente bello:

«La mayoría piensa que un milagro es cuando Dios hace la voluntad de las personas, pero en realidad un milagro es cuando una persona hace la voluntad de Dios».

En un colegio en el que estaba impartiendo un curso de felicidad para docentes, al terminar una de las clases, tras escuchar esta definición de «milagro», se acercó una de las profesoras para compartir una experiencia que jamás olvidaré. Me comentó que en su colegio tenían tres hermanos que estaban pasando por una situación complicada, ya que sus padres se habían separado y se estaba haciendo cargo de ellos solo su madre, y que, a pesar de que ella trabajaba en todo aquello que podía, pasaban por etapas en las que no le alcanzaba ni tan siquiera para alimentar a sus tres hijos.

El colegio, al conocer esta situación, decidió regalarles el servicio del comedor para los tres niños, y además varios profesores se organizaron para conseguir ropa y muebles para esta familia, protegiendo siempre su anonimato. Pero cuando no pude contener las lágrimas fue cuando me dijo que, durante mucho tiempo, ella había estado poniendo el almuerzo de uno de esos niños, ya que era alumno de su clase. Todas las mañanas, sin que ni siquiera el niño hubiera sido consciente jamás, ella buscaba una excusa para salir al pasillo y poner el almuerzo en su mochila.

Eso para mí son los verdaderos milagros, saber que la vida de ese niño será un poquito mejor porque una profesora día tras día lo cuida de forma anónima, por el mero hecho de ayudar, de saber que la vida de otra persona será mejor gracias a su labor, sin esperar nada más.

Y tú, ¿ves los milagros que hay a tu alrededor? Es más, ¿estás siendo creador de alguno de ellos? Vibra en FM, simplemente: haz lo que puedas, con lo que tengas, donde estés.

Cómo desplegar tu API. Resumen para vivir en FM

- Para pasar de AM a FM has de gestionar tu tiempo, atención y energía.
- La clave más importante para vivir en FM es el agradecimiento.
- Practica cada noche el juego de las tres cosas buenas.
- Cada mañana aplica el ejercicio «¡qué suerte tengo!».
- Cuando te suceda algo no deseado aplica la técnica «afortunadamente».
- Elige a una persona a la que escribirle una carta de agradecimiento.
- Practica el humor en tu vida personal y profesional.
- Nunca vayas contra nada ni contra nadie, ve a favor de…
- Ten pequeños actos de amabilidad.

- Practica alguna de las doce actividades para la felicidad de Sonja Lyubomirsky.
- Para vivir en FM, confía en ti, en los demás y en la vida.

8

Diez Historias de diez empresas
que me inspiran

Dice mi buen amigo Rubén Montesinos que una empresa sin personas es un edificio vacío. En estos últimos años he conocido muchas empresas y, lo mejor de todo, dentro de ellas me he encontrado personas extraordinarias. Cada una de ellas tiene su propia historia y, cuando la repasas, te sorprendes y te emocionas con innumerables anécdotas, dificultades y retos que han tenido que pasar para ser el tipo de organización que son hoy en día.

En esta sección he rescatado algunas de las historias de empresas por las que ya siento un vínculo, y que, de alguna manera, siento que formo parte de ellas y ellas forman parte de mí. Espero y deseo que no solamente las disfrutes, sino que extraigas de cada una de ellas algún aprendizaje que te pueda resultar de utilidad para tu día a día.

Historia 1
Grupo Gomarco

> Solo es grande en la vida
> quien sabe ser pequeño.
>
> José Ángel Buesa

Todos nos iremos de este mundo, pero no todos dejaremos una gran huella positiva en las personas de nuestro alrededor. Desde mi punto de vista, don Pepe Marco lo ha logrado, no solo por ser el fundador de una de las empresas más importantes de colchones de España como es Gomarco, sino por los valores que ha dejado como legado a quienes le conocían, especialmente a sus hijos. No hace mucho que ha iniciado el viaje que todos haremos tarde o temprano, pero, antes de partir, dejó por escrito unas memorias en las que recogía los principales aprendizajes de su vida. He de reconocer que me emocioné cuando leí el texto que escribió a su hijo Juan Antonio, actual gerente del Grupo Gomarco. Esas palabras tienen la fuerza que solo poseen aquellos que hablan con el corazón, y más allá del mensaje que transmiten, son buena muestra de algo que todos podemos hacer para dejar una gran huella positiva en la memoria y las almas de quienes más queremos.

Espero y deseo que las disfrutes y te sirvan de inspiración como lo han sido para mí:

A ti, Juan Antonio, te digo que eres un gran empresario y un hijo especial. Has sabido estar siempre en el momento justo y has sabido distinguir entre el bien y el mal y te has quedado siempre con lo primero.

Me siento orgulloso de ti porque así me lo has demostrado siempre y solo te pido que siempre confíes en aquellas personas que se hacen valorar por su palabra y su buen hacer. Han pasado por mi vida hombres con carrera, con títulos y con mucho dinero que no les servía de nada. Eso sí, después han vuelto a la normalidad después de haber sufrido una cura de humildad (que muchos la necesitamos) y tú me has demostrado ser el mejor empresario.

Algo que me complace es saber tratar a los trabajadores con respeto y educación, y siempre piensa que sin ellos no habría grandes empresarios. Cuando tengas un problema con un trabajador, acuérdate que yo, tu padre, fui trabajador y jornalero y solo disponía de mis brazos para llevar un salario a casa y que vosotros no pasarais necesidades.

Te deseo lo mejor a ti y a Maricarmen, y piensa que yo siempre te estaré apoyando en todo porque así te lo mereces y quiero decirte que te quiero y que yo siempre estaré dispuesto a dar un órgano de mi cuerpo o mi vida por tu madre, por mis dos hijos y mis nietos y siempre a mis queridísimos hijos.

En estos últimos años hemos crecido muy deprisa, pero muy seguro, a pesar de esta grave crisis que nos ha tocado vivir, que la dirección de Gomarco y su gerente

J. Antonio y yo hemos sabido hacer bien los deberes, gracias a trabajar en equipo con trabajadores profesionales que hemos tenido. De dos que éramos el 20 de febrero de 1977, hoy somos una plantilla de unos ochenta, y estoy convencido de que algún día no muy lejano llegaremos a ciento cincuenta.

Yecla, diciembre de 2014

Sin duda, don Pepe Marco es un ejemplo de actitud positiva inteligente, no solo por los aprendizajes que extrajo a lo largo de su trayectoria profesional, sino por transmitir en vida a quienes más quería la mejor de las herencias: valores como la humildad, el respeto, el compromiso y el trabajo en equipo, que puedes apreciar no solo en su gerente, sino en las más de ciento cincuenta personas que, hoy en día, ya forman parte de esta organización.

HISTORIA 2
Grupo Singular

Si quieres conocer a una persona, fíjate en sus palabras, pero, más aún, en sus actos.

ANÓNIMO

Recuerdo que cuando Víctor Küppers conoció a Francisco Gil, gerente de Singular Glass, me dijo: «Me ha impresionado mucho, desde luego es un tipo singular». Y quienes tenemos la suerte de conocer a Fran en mayor profundidad aún comprendemos por qué ha logrado conseguir un equipo humano tan implicado como el que tiene.

Muchos son los que dicen que para ellos el personal es el activo más valioso de su organización, pero hay una historia que demuestra que en Singular Glass tienen claro que es así.

El mismo día que Fran cumplió dieciocho años y obtuvo la mayoría de edad, se despidió de su jefe y montó su propia empresa dedicada al montaje de cristales. La empresa fue creciendo poco a poco y, cuando contaba con cinco empleados, el único cliente para el que trabajaban, de la noche a la mañana y por una serie de cambios internos, dejó de requerir los servicios de Singular. En ese momento, sin trabajo para sus empleados ni ingresos para abonar las nóminas, Fran se enfrentó a una situación muy compleja en la que la salida más esperada hubiera sido el cierre. Sin embargo, consciente de que el valor más preciado de su empresa era su gente, tomó una decisión fuera de lo común. Mientras se encargaba de buscar nuevos clientes que le permitieran retomar la actividad empresarial, envió a su plantilla a realizar arreglos al chalet de su padre y les prometió que cobrarían las nóminas puntualmente cada mes. Para ello, tuvo que pedir un préstamo bancario, con el agravante de que su mujer, Cristina, que en ese momento estaba embarazada, también se había quedado sin trabajo.

Solo ellos sabrán cómo serían esas noches en las que para conciliar el sueño tendrían que gestionar la incertidumbre de estar esperando a su primer hijo, ella sin trabajo, y él con una empresa sin ningún cliente y sin saber cuándo sería el siguiente contrato que podría cerrar.

Durante tres meses pagaron nóminas sin obtener ningún ingreso, hasta que Francisco consiguió firmar un contrato para una obra en un hotel en Santa Eulalia, Ibiza. Pero aquí no terminaba su incertidumbre, ya que se trataba de un proyecto que muchos otros no se atrevían a asumir porque tenía un plazo muy limitado para su realización y una cláusula en la que, si la obra no estaba terminada en la fecha estipulada, sufrirían una sanción y no cobrarían ni un euro de lo trabajado. Todo el equipo de Singular Glass trabajó sin parar durante doce semanas, sin volver a casa a ver a sus familias, incluido Fran, que tampoco pudo disfrutar de su hijo recién nacido. Por suerte, o más bien por compromiso y trabajo, aquella obra se terminó a tiempo. No solo dejaron una gran imagen en aquella cadena hotelera, sino que se fueron ganando la confianza de las principales cadenas del sector de la zona.

Hoy en día, unos siete años después, el Grupo Singular cuenta con un equipo humano de más de cincuenta personas, y lo más importante, es probablemente una de las empresas con mejor imagen en el sector hotelero por su compromiso y fiabilidad.

Creo que las organizaciones terminan siendo un espejo de la persona que las lidera, incentivando a través de sus actos los valores que imperan en la organización. Fran es un gran ejemplo de que, para lograr un equipo comprometido, el líder es el primero que ha de mostrar compromiso.

«Más importante que lo que dices es lo que ven en ti».

Enlace de la entrevista de Fabián Villena a Víctor Küppers en la jornada del Grupo Singular: https://cutt.ly/tgBKxaW

Historia 3
Grupo Camacho

Comienza por lo importante.

Anónimo

A principios de los años sesenta, don Antonio Gómez Camacho empezaba sus primeros pasos en la gestión de residuos, cimentando los orígenes de Camacho Recycling. Por aquel entonces, le ocurrió una anécdota que hoy en día aún es recordada por muchas de las ciento cincuenta personas que forman el equipo del Grupo Camacho.

Unas monjas contactaron con don Antonio para que les hiciera el servicio de vaciar un hospital, acordando que, a cambio, se quedaría con lo que permanecía dentro de las instalaciones. A decir verdad, no había prácticamente nada de valor, casi todo era material inservible, salvo una campana ubicada en la torre de la pequeña capilla y que generaría los únicos beneficios de los cuatro días de trabajo que suponía limpiar aquellas instalaciones. Así pues, empezaron a sacar camiones de basura, adecentando habitación por habitación de aquel hospital. Al tercer día de trabajo duro e intenso, se dieron cuenta de que la campana había desaparecido. El cura del lugar les comentó que desconocía lo que habían hablado con sus compañeras las monjas, y que un tratante, al ver que estaban vaciando el hospital, le había comprado la campana y se la había llevado. Imagínate el cabreo de don Antonio tras comprobar que todo el trabajo realizado y los costes que suponía iban a la basura (nunca mejor dicho). Al entender que no hubo mala fe, decidió llevar a cabo su compromiso, cumpliendo con la palabra dada, y sobre todo llevándose un gran aprendizaje que aún hoy casi todos recuerdan en el Grupo Camacho: «La campana va lo primero».

Hace poco me comentaron sus hijos, directivos actuales de la organización, que habían comprado maquinaria de otra empresa y, aunque les supuso una serie de dificultades, las máquinas más valiosas (la campana) fue lo primero que se llevaron.

Esta anécdota de don Antonio nos transmite dos grandes aprendizajes: en primer lugar, que «no hay nada que tenga más valor que la palabra dada», y en segundo lugar, que hemos de empezar siempre por lo más importante, por lo de que «aquello que sea más valioso es lo primero que hemos de atender».

HISTORIA 4
Forty Gestión

> La confianza no se pide, se gana.
>
> ANÓNIMO

Una mañana de verano de los años noventa, don Antonio García y su familia se dirigieron antes de amanecer a la playa de San Juan (Alicante) para preparar las hamacas y sombrillas de su negocio familiar. Al llegar, en los montones de tumbonas encontraron a un hombre durmiendo entre cartones y que despertó al aparecer la familia. Se saludaron, y cada uno siguió con sus rutinas. Al día siguiente, se repitió la escena, pero entonces ya entablaron una pequeña conversación en la que el señor les explicó que no tenía hogar, que desde el mismo día que murió su madre salió de casa y no había podido volver a dormir bajo techo debido a una especie de trauma. Fue entonces cuando don Antonio, ante la atenta y desconcertada mirada de sus hijos, le dio la llave del cuarto donde guardaban las colchonetas para que eligiera si quería dormir a cobijo dentro de la caseta o sacar una colchoneta al exterior y así poder dormir más cómodo. Los hijos de don Antonio se sentían confundidos por la confianza que le había dado su padre a un hombre sin hogar al que no conocía de nada, y temían que al volver al día siguiente se llevarían una sorpresa. Y así fue.

Cuando la mañana siguiente llegaron a la playa, se encontraron que las colchonetas no estaban en el cuarto, sino que habían sido colocadas en las hamacas. Miguel, el hombre al que le habían dejado la llave, había observado el trabajo que hacía toda la familia desde bien temprano y, como agradecimiento por el detalle que habían tenido con él, quiso colocar las tumbonas y las sombrillas para evitarles esa tarea. Insistió en que no quería cobrar nada, que simplemente era un gesto de gratitud. Al siguiente día volvió a repetir la misma rutina, ahorrando a la familia todo el trabajo del inicio de la jornada. Fue entonces cuando don Antonio le ofreció un contrato que le permitiera una estabilidad que no había tenido desde hacía tiempo. Ese fue el inicio de una relación que aún perdura después de más de veinticinco años. La familia acogió a Miguel como si fuera uno más, convirtiéndose en un personaje entrañable del personal de Forty Gestión, conocido por los más de trescientos empleados que se reparten en sus más de veinte locales de ocio y restauración como el Tito Miguel.

Es cierto que, como todos, tiene sus fortalezas y sus áreas de mejora, que a veces riega las plantas artificiales y se olvida de las naturales, pero, sin duda, es una persona a la que quieren y cuidan todos por su calidad humana.

Muchas empresas afirman: «Aquí somos como una familia», pero pocas son las que puedan mencionar tantos hechos que así lo demuestren como Forty Gestión.

La pandemia de la COVID-19 ha puesto a prueba no solo la viabilidad de sus negocios, sino la unión de su equipo. Una vez escuché que un buen líder es como si fuera un buen padre: si haces algo mal, no te despide, sino que se sienta contigo para ver cómo solucionar la situación, te demuestra que le importas, confía en ti y te cuida en los malos momentos. Y lo cierto es que, cuando hablo de API y de liderazgo, de las primeras personas que me vienen a la cabeza son Coco y Héctor, dos de los cuatro hijos que tienen don Antonio y doña Guadalupe.

En las largas conversaciones que mantuve con Coco durante la pandemia, me asombraba su templanza ante una situación de tanta incertidumbre y cómo trataba de cuidar de su «familia». No me refiero solo a sus hermanos Emilio, Chema y Héctor, con los que comparte la gestión del grupo empresarial, sino del capital humano de la empresa. Tras el cierre de todos sus locales por el confinamiento, reunieron a toda la plantilla para transmitirles que no querían que nadie lo pasara mal, que si necesitaban ayuda del tipo que fuera hablaran con ellos para buscar solución.

Con estos valores y filosofía, no es de extrañar que se hayan convertido en los gestores de los locales con más encanto de la costa alicantina con espacios como Mauro, Petimetre, Copity, Pepito Brillo, Xeven, etc., y que más de una *celebrity* se haya acercado a ellos para solicitar asesoramiento en sus negocios de ocio y restauración. Quién se lo iba a decir a don Antonio cuando comenzó con las hamacas en la playa...

Creo que en los grandes momentos de dificultad es cuando se mide a las grandes personas. Y para mí esta familia es un gran ejemplo de que ser excelente en sus locales y servicios empieza por ser excelente en el trato con su gente y por ganarte la confianza de tu equipo a través de tus actos. Este es el auténtico liderazgo.

HISTORIA 5
Verdú, herrajes para muebles

> Cuando comas brotes de bambú,
> recuerda al hombre que los plantó.
>
> PROVERBIO CHINO

¿Cuántas empresas conoces que tengan más de ciento veinticinco años de historia? En mi caso solo conozco a mis amigos de Verdú, en Yecla. En un panorama como el actual, en el que la vida de las empresas cada vez es más corta, todavía cobran mayor valor aquellas que van por la cuarta generación, adaptándose a todo tipo de vaivenes de este entorno, al que, últimamente, se le llama VUCA (de las siglas en inglés que traducido al castellano viene a decir: volátil, incierto, complejo y ambiguo). Soy de los que piensa que tener éxito durante un tiempo sostenido no se debe solo al factor suerte, tiene que haber algo más.

Según Joaquín y Mar Verdú, la clave principal para que un negocio funcione bien es el cuidado del cliente (tanto externo como interno, es decir, los empleados). No se puede atender con cariño a los clientes si no hay cariño en el trato al equipo humano que conforma la plantilla. Al final se trata de facilitar relaciones de confianza, el mejor conector para que una relación perdure en el tiempo.

Cuentan que el 1 de enero de 1986, Antonio Muñoz

decidió arrancar un nuevo proyecto empresarial, contando para ello solamente con un calendario. Literalmente, no tenía ni un clavo, así que, como no disponía de nada con lo que qué colgar el calendario, se acercó a Verdú para comprar uno. Al volver a su nave, cayó en la cuenta de que también le hacía falta un martillo con el que clavarlo, así que volvió a la ferretería para comprar uno. Fue entonces cuando Antonio le comentó a Joaquín Verdú Díaz, propietario de la ferretería: «Voy a empezar una nueva empresa, no tengo nada, y no sé cómo te voy a pagar». La respuesta de Joaquín fue: «Antonio, ahí tienes un capazo, llénalo con todas las herramientas que necesites y ya me lo pagarás cuando puedas. Yo confío plenamente en ti». Y así es como comenzó la empresa Tecninova, con su primer proveedor que aún conservan después de treinta y cuatro años, unidos por ese vínculo de confianza mutua que les ha permitido crecer y prosperar a ambos.

Esta anécdota es recordada con gran cariño por ambas empresas, y en Verdú sirve de ejemplo para recordar el legado que tanto Conchita como Joaquín Verdú les dejaron a sus tres hijos: José Luis, Joaquín y Mar. Sus padres les enseñaron, a través de su ejemplo, el valor de la palabra dada, la importancia de empatizar y cuidar las relaciones, ya que eran conscientes de que, sin los clientes y sin el compromiso de su equipo humano, sería imposible perdurar más de ciento veinticinco años.

HISTORIA 6
Muñecas Antonio Juan

> Cuida de tus valores
> y tus valores cuidarán de ti.

Eran todavía muy jóvenes Marco Antonio, Darío y Teresa, cuando una repentina enfermedad se llevó a su padre. No hubo tiempo para que les explicara en profundidad cómo funciona el juego de la vida, y tuvieron que decidir qué hacer con la fábrica que había fundado y que llevaba su nombre: Muñecas Antonio Juan.

Los tres coincidieron que seguir con su legado era más un orgullo que un trabajo. Mientras trabajaban con su progenitor, siempre trataban de demostrarle que ya estaban preparados para asumir el relevo, pero él tenía serias dudas de que fuera así.

Tras el fallecimiento de su fundador, asumieron la responsabilidad de la dirección de la empresa, trabajando duro de lunes a sábado y visitando el cementerio el domingo para contarle a su padre lo que habían hecho durante la semana.

El negocio prosperaba y fue entonces cuando la oportunidad llamó a su puerta. Una importante cadena de alrededor de cuatrocientas tiendas en Francia pidió que le fabricaran unas cantidades muy considerables.

Ilusionados, comenzaron las gestiones, pero las negociaciones se detuvieron cuando la empresa francesa pidió como condición imprescindible que les fabricaran las muñecas con su propia marca, ya que todos sus proveedores lo hacían así. Tras reflexionar, los tres hermanos recordaron el porqué y el para qué lideraban la empresa fundada por su padre, por lo que respondieron que eso no lo podían hacer, que no podían trabajar con otra marca que no fuera la suya. La respuesta desde la central de compras de esta poderosa cadena de tiendas fue: «¿Cómo que eso vosotros no lo podéis hacer? Si todos nuestros proveedores lo hacen. ¿Por qué vosotros no?». La respuesta de los hermanos fue tajante: «No se trata de una marca, se trata del nombre de nuestro padre, y eso no se negocia». Sabían del riesgo y del posible coste de oportunidad que conllevaba su decisión, pero fue así como se convirtieron en la única empresa de muñecas que conserva su marca original de todas las que suministran a los centenares de tiendas repartidas por toda Francia.

Estoy seguro de que don Antonio Juan, allá donde esté, se sentirá muy orgulloso de ver cómo sus hijos gestionan la empresa que él fundó hace tiempo, observando cómo han triplicado su facturación en los últimos años, pero, sobre todo, comprobando que este proyecto que nació en Onil fruto de su gran pasión, conserva su esencia y sigue siendo una empresa con alma. Probablemente, este sea uno de los grandes aprendizajes que les dejó su padre, el comprender que si una empresa pierde sus valores pierde todo su valor.

Historia 7
Tayber Tapizados Convertibles

> Me dejaría la vida por mis compañeros,
> porque sé que cualquiera de ellos haría lo mismo por mí.
>
> Capitán William Swenson

Dicen que son las grandes dificultades las que miden nuestra verdadera capacidad, y creo que esta afirmación nos resulta útil tanto a nivel individual como cuando se trata de un equipo.

La crisis de la COVID-19 impactó en muchas empresas como si se tratara de un tsunami, haciendo latente que vivimos en una época de auténtica incertidumbre y que la sensación de control que tanto anhelamos es más una percepción que una realidad.

Es precisamente en los momentos complicados cuando más valoramos el apoyo de personas en las que sientes que puedes confiar, que cuidan de ti como tú lo haces de ellos. Un buen ejemplo sobre cómo afrontar con API esta etapa de crisis del coronavirus es la empresa Tayber. Como la gran mayoría, se vio forzada a detener su actividad de un día para otro al confinarse cada uno de sus trabajadores en sus casas. Pero, unos pocos días después, conscientes de la dura situación por la que estábamos pasando, y ante la falta de mascarillas para muchos de los profesionales que se exponían cada día al contagio por su trabajo (personal sanitario, cuerpos de seguridad, residencias de mayores, etc.), decidieron volver a la empresa para cambiar la fabricación de sofás por la de mascarillas. Puesto que no podían ir todos por las medidas de prevención, el único problema con el que se encontró Juanjo, su gerente, es que había mucha más gente que quería colaborar de la que realmente se permitía para mantener la seguridad. Se planificaron para tratar de producir lo máximo con el menor número posible de empleados y así minimizar el riesgo de contagio. Todo el equipo ponía su granito de arena animando en el grupo de WhatsApp, en el que cada día compartían fotos con el trabajo realizado, y los mensajes de cariño y apoyo del resto de compañeros cohesionaron más si cabe el grupo. Y, a pesar de la dureza del momento, mostraron un ambiente extraordinario entre ellos. Un caso representativo fue el de Jacqueline , que trabajaba con una mascarilla en la que estaba dibujada una gran sonrisa, que reflejaba su espíritu cercano y positivo. Ella tenía miedo, y era un miedo fundado, pues como comentaba: «No me quiero quedar viuda, mi marido es de riesgo». Pero sus ganas de ayudar y contribuir fueron más grandes que sus temores. Y ella, al igual que todos sus compañeros, arriesgaron durante semanas su salud para proteger la de las personas que, a su vez, se estaban exponiendo para protegernos a todos nosotros. Y todo ello no solo lo hacían gratis, sino que cubrían muchos de los gastos de producción de las mascarillas.

Es en estos momentos tan duros para la sociedad cuando a veces el ser humano muestra su mejor cara, al darse cuenta de que es mucho más lo que nos une los unos a los otros que lo que nos separa.

Aquellos días en Yecla (Murcia) sirvieron para que se organizaran alrededor de treinta empresas para trabajar como si se tratara de una sola. Los que hasta hacía solo unos días habían sido competencia se convirtieron en colaboradores para producir de modo gratuito mascarillas que repartían por toda España.

Recuerdo cómo se emocionaba Juanjo al contarme las muestras de agradecimiento que recibían de centros a los que habían enviado mascarillas: hospitales de Madrid, Granada, Almería, etc.; geriátricos como los de Alicante, Elda y Yecla. Incluso recibieron ajos y limones de una empresa de alimentación que les decían que habían podido seguir trabajando gracias a ellos.

Según los propios empleados de Tayber, aquella experiencia los ha unido todavía más y, si antes ya cuidaban mucho el ambiente laboral, conscientes de que así su trabajo diario es más agradable y productivo, tras esta crisis sanitaria se ha expandido el círculo de confianza entre ellos. Han interiorizado un aprendizaje que es esencial para cualquier organización: un equipo es mucho más eficiente y fuerte cuando todos cuidan de todos, pues evitan malgastar su tiempo y su energía en protegerse de las posibles amenazas que surjan desde dentro.

Historia 8
Telfy

> No trates a los demás como a ti te gusta ser tratado, trátalos como a ellos les gusta ser tratados.
>
> Regla de Platino

A lo largo de estos últimos años, me he encontrado con muchos emprendedores o personas con la intención de emprender un negocio y casi todos tienen algo en común, y es que te suelen decir: «Tengo una idea que es la bomba, es buenísima. Estoy convencido de que esto tiene que funcionar».

Desde mi punto de vista, creo que una idea en sí misma no es algo tan importante, es mucho más importante el trabajarla bien y además saber comunicarla y venderla. El error más habitual con el que me encuentro, y confieso que en algunos momentos yo he sido el primero que he caído en este error, es el egocentrismo (como desde mi punto de vista pienso que es fantástica mi idea, no me pongo en el lugar del cliente, y como no conozco cómo piensan y sienten mis clientes, es mucho menos probable acertar). Aquí es donde cobra gran importancia lo que llaman trabajar un «mapa de empatía», con la finalidad de meterte en la piel de tus potenciales clientes para que, de este modo, puedas adaptar tu propuesta y, además, puedas hablarles en su idioma.

Un proyecto que nació de un modo muy distinto a este de «he tenido una idea que es la bomba» es la empresa de telecomunicaciones Telfy, que da servicio de telefonía, internet y TV a muchas ciudades, especialmente de la zona de la Vega Baja (sur de Alicante).

Recuerdo cuando uno de sus tres socios fundadores me contaba con los ojos brillantes cómo nació esta empresa que, hoy en día, cuenta ya con más de cien trabajadores. Allá por el año 2004, por aquella zona comenzó a llegar mucha población extranjera que compraban casas de campo buscando la tranquilidad y el clima que acompaña a estas tierras. Algunos de ellos hacían fuertes inversiones en chalets, pero sin pararse a pensar si allí existía la posibilidad de tener una línea de teléfono o, lo que era más complicado aún, disponer de conexión a internet. En aquella época resultaban muy caras las comunicaciones móviles para llamar, y navegar por internet era un lujo al alcance de pocos.

Estas personas buscaban una solución para poder estar conectados con sus familiares y amigos en el extranjero y, como la tecnología todavía no se lo ponía fácil, andaban de un sitio para otro tratando de lograr una solución a su problema. Y ahí es donde nació Telfy, con el fin de ayudar a aquellas personas que tenían una situación complicada y que no podían hablar con sus seres queridos, y mucho menos verlos. Imagínate los inicios. Con más empeño, trabajo e imaginación que facilidades tecnológicas, fue como arrancaron, desde la necesidad de un colectivo cada vez más numeroso que les agradecía su implicación y compromiso. Terminaban siendo casi como otros miembros más de su familia, ya que era frecuente que un fin de semana o un día de Navidad tuvieran que llamarles para que les ayudaran a poder estar conectados con sus allegados. Comentan que era frecuente que les invitaran a comer cuando hacían los platos típicos de su país, o les llamaban para que conocieran a sus familiares cuando venían a visitarlos, ya que les explicaban con cariño que aquellas personas eran las que hacían posible que pudieran estar en contacto.

Así fue como nació esta empresa, tratando de ayudar a un colectivo que tenía un serio problema, escuchando y empatizando con estas personas. Porque ellos son conscientes de que el mundo de los negocios en gran medida va de esto, de personas que ayudan a otras personas. Justo esto mismo es lo que los ha llevado a adaptarse a las nuevas necesidades y nuevos perfiles que han ido apareciendo con los años.

Cuando conoces a los tres socios: Gustavo, Vicente y Pablo, te das cuenta en unos minutos de que ante todo son, como dirían mis padres, buenas personas. Que su principal virtud creo que ha sido la elección de las personas de las que se han rodeado, puesto que, como ya hemos citado en el libro: «No atraes a tu vida lo que quieres, atraes a tu vida personas de la frecuencia que tienes». Y si en tu empresa tienes calidad profesional, combinada con calidad humana, tus probabilidades de éxito se multiplican.

Ahora ya conoces el secreto del éxito de Telfy. Si quieres emprender un proyecto, que no se te olvide empatizar y conectar con tus potenciales clientes y, cuando tu empresa comience a crecer, recuerda rodearte de buenos profesionales que además sean buenas personas.

Historia 9
Casa Marcos Morilla - Toy Planet

> Donde no hay compromiso,
> no hay éxito.
>
> SCOTTIE SUMMERS

Recuerdo que cuando era pequeño casi todos los niños de España estábamos deseando en Navidades que llegara el 5 de enero, en concreto, la Noche de Reyes. Últimamente, tal vez por la influencia de la cultura norteamericana y también porque es más práctico, muchos de los regalos de Navidad para los pequeños de la casa son entregados el día 25 de diciembre, pero, por aquel entonces, recibíamos los juguetes con solo un día para jugar antes de terminar las vacaciones navideñas y volver al cole.

Como se concentraban tantas entregas de juguetes en un solo día, semanas antes las tiendas se veían desbordadas por la afluencia de familias que planeaban los regalos de Reyes y que querían asegurarse de que se hacían con los juguetes con los que los peques soñaban. Como buenos españoles, los últimos días eran los de mayor locura, con los típicos nervios y los despistados de última hora.

Imagino que los propietarios de negocios de juguetes sentirían una mezcla de emociones y sensaciones. Por un lado, trabajar en un entorno en el que percibes tanta ilusión a tu alrededor se debe contagiar, además de disfrutar al ver tantas ventas. Aunque, por otro lado, el cansancio por el intenso trabajo desde meses antes, con el último apretón final, hacían que terminaran la Noche de Reyes como el que acaba de terminar una maratón.

Uno de estos Reyes, don Marcos Morilla y su hermana Maruja cerraban la puerta de su tienda pasadas las cuatro de la madrugada, agotados, deseando llegar a casa para descansar por fin y dar un beso a sus hijos que estarían ya dormidos. Cuando pasaban por una calle cercana, observaron al lado de un coche a un matrimonio; estaban contrariados, cabizbajos, intuían que algo les pasaba. Al pasar por su lado, les preguntaron si se encontraban bien. La joven pareja les explicó que llevaban en el maletero todos los juguetes que habían comprado para sus hijos. Pensaron que allí estarían a salvo, pero con la mala fortuna de que les habían forzado el coche y, lo peor de todo, les habían robado todos los regalos de sus hijos, esos mismos juguetes que a la mañana siguiente irían a buscar nada más levantarse.

A pesar de las horas, del cansancio, al ver esta situación, don Marcos pidió a la pareja que los acompañara a su tienda, buscaron los juguetes que necesitaban, y a la mañana siguiente, al despertar, esos niños tuvieron los regalos que tanta ilusión les hacía.

La empatía, el compromiso y la cercanía son valores presentes no solo en don Marcos Morilla, sino que han sido transmitidos a sus hijos (cuarta generación) que hoy día gestionan este negocio fundado en 1888, y que tratan de inculcar en cada uno de los miembros del equipo humano de Casa Marcos Morilla - Toy Planet en sus numerosas tiendas en Ronda, Antequera, Málaga, Torre del Mar y Estepona.

Recuerdo que, cuando tuve la suerte de escuchar el discurso de don Marcos en la comida de empresa, me pareció extraordinario porque recordó y agradeció a las anteriores generaciones que sacaron el negocio adelante, felicitó a las personas que actualmente integran la empresa pues, gracias a su trabajo, compromiso y actitud, estaban logrando unos buenos resultados, y mandó un mensaje de ilusión y esperanza para el futuro si continuaban trabajando con la misma unión y alegría que hasta ahora. Y lo mejor de todo era la cercanía y la autenticidad con la que pronunciaba este discurso.

Este es el bonito reto que tienen sus hijos Francisco, Maite y M.ª Ángeles, y su sobrino Antonio, afrontar esta época actual llena de incertidumbre y retos, adaptándose a las cambiantes circunstancias, pero manteniendo los valores y la esencia que les han permitido abrir sus puertas durante más de ciento treinta años.

Historia 10
Satis Group

> El talento no se retiene, se fideliza.
>
> Anónimo

Últimamente, está de moda poner nombres en inglés a funciones y servicios para las empresas, parece que, de este modo, esté mejor visto cobrar más por hacer lo mismo. Uno de esos conceptos que cada vez está cobrando mayor importancia dentro del mundo de los recursos humanos es el de *Employer Branding* que, básicamente, consiste en cómo lograr que nuestra empresa sea atractiva para conseguir dos objetivos: cómo fidelizar el talento en la empresa y, además, cómo podemos atraerlo. Y mis numerosos amigos de recursos humanos señalan la importancia de utilizar el concepto de fidelizar y no retener el talento, como se acostumbraba a decir en el pasado. Hay un ejemplo que explica muy bien la diferencia entre estos dos conceptos: antes Messi estaba fidelizado en el FC Barcelona, permanecía allí porque quería, a pesar de tener ofertas para cambiar de aires. La temporada 2020-21 estuvo «retenido», dicho de otro modo, tuvo que quedarse a pesar de comunicar públicamente su deseo de marcharse, y la única razón que le llevó a quedarse fue la alta cláusula de rescisión que le impidió llevar a cabo su voluntad.

Este es para mí uno de los mayores retos que tienen las empresas en los próximos años, cómo fidelizar y atraer el talento. Y aquí se presentan dos opciones: o tiramos de talonario para fichar a profesionales consagrados o trabajamos la cantera para incentivar la promoción interna e ir formando a medida a los canteranos. Como todo en la vida, ambas opciones tienen sus ventajas y desventajas, pero si yo tuviera que apostar por una de estas alternativas sería la de trabajar la cantera (es probable que esté influido por ser del Athletic).

En Satis Group, especializados en el cromado de piezas de plástico para la automoción, sanitarios y electrodomésticos, comparten mi punto de vista, y desde hace años apuestan por jóvenes que acaban de terminar la carrera, si bien siguen manteniendo en su plantilla a profesionales con gran experiencia. El reto es muy bonito, porque integran diferentes generaciones para que aprovechen unos de otros las fortalezas que les aporta ser de una u otra generación.

Recientemente, su tranquilidad se vio agitada por la unión de cuatro serios desafíos: la pandemia de la CO-VID-19 (su nicho principal es la automoción, sector muy afectado), la salida de una de las personas importantes de la compañía, la adquisición de una nueva empresa y la pérdida de uno de sus proveedores del que tenían cierta dependencia. Ante este complicado escenario, la dirección del grupo empresarial tenía que decidir qué camino tomar. Lo normal era fichar a un profesional contrastado y con mucha experiencia para suplir el vacío dejado por la salida del veterano dirigente, pero la dirección de Satis Group decidió apostar por la promoción interna, repartiendo los cargos de responsabilidad que ocupaba el anterior directivo entre dos jóvenes que entre los dos no sumaban la edad del que hasta hacía poquito había sido su «jefe». Creo que es muy importante demostrar la confianza en nuestra gente, y más importante aún es preparar y acompañar a estos jóvenes. Y, a pesar de todas las circunstancias y retos que han tenido que superar, el resultado obtenido ha sido fantástico. Estoy convencido de que no ha sido fruto de la casualidad, sino de la causalidad, y desde mi punto de vista las causas han sido:

- Demostrar confianza: no solo les han dicho que confiaban en ellos.

- Valores y cultura integrada: son personas que, a pesar de su juventud, llevan años en la empresa.
- Formación y experiencia: conocer el sector concreto requiere de un proceso de aprendizaje y práctica que han realizado en los años anteriores.
- Acompañamiento: tanto el equipo directivo como asesores externos han facilitado el proceso de adaptación al puesto.
- Gestión del error: por supuesto que han cometido errores, pero es determinante que se gestionan extrayendo aprendizajes sin buscar culpables, sino soluciones.
- Habilidades de liderazgo: han elegido perfiles con habilidades de liderazgo, a los que además han formado para continuar mejorando.

En síntesis, como dice un buen amigo mío: «La suerte es la unión de la preparación y la oportunidad», y Satis Group me parece un gran ejemplo de cómo trabajando las variables que dependen de ellos y desarrollando el talento de la cantera se puede responder a este entorno VUCA en el que estamos inmersos.

Epílogo

Todos sabemos que el prólogo ha servido histórica-
mente para que un profesional de reconocido prestigio,
como es el gran Fernando Botella, avale el libro, de
modo que las personas que no conozcan todavía al
autor se sientan atraídas por el texto. El prólogo enri-
quece la propia obra, como ha ocurrido con la ópera
prima de Fabián Villena.

Pero ¿cuál es el sentido de un epílogo, cuando ya
has llegado hasta aquí y has disfrutado de todo lo que
Fabián nos propone? No estoy muy seguro. En realidad, creo que mi amigo el autor me propuso esto del
epílogo generosamente para que un servidor pudiera
participar en este libro, dado que hemos dado conferencias juntos («El camino de la felicidad en la vida y en
la empresa», en varias ciudades), y hemos compartido,
precisamente, presentaciones de libros en la ciudad de
Villena.

Puestos a la tarea, me gustaría que el epílogo de *Des-
pliega tu actitud positiva inteligente* te permitiera pasar

«de las musas al teatro», de la reflexión a la acción, utilizando precisamente lo que Fernando Botella llama «factor H». Hacer. Porque la neurociencia nos enseña que, cada vez más, una cosa es lo que decimos y otra lo que hacemos. Probablemente, lo peor que te pueda pasar como lector es que no pongas en práctica las siete claves para disfrutar más de tu trabajo y de la vida que Fabián nos ofrece, aunque el libro te haya encantado y consideres que esos siete pilares son sumamente prácticos, útiles e inspiradores.

Por eso, desde mi humilde experiencia de *coach* (entrenador, una figura desconocida hace años y ahora bastante denostada por superficial, en un país como el nuestro donde hay más *coaches* que pupilos y todos nos creemos seleccionadores de la Roja, especialmente cuando los resultados no acompañan), me preguntaría y te preguntaría: ¿qué puedes hacer para que las siete claves formen parte de tu vida de forma cotidiana y no pasen de puntillas por la misma?

Hay cuatro pasos que debes acometer. El primero es el de la reflexión. Para lograrlo, te animo a retomar las siete claves:

1. Responsabilidad. Toma el volante de tu vida.
2. Aceptación. Fluye con las reglas del juego de la vida.
3. Gestión del error. Cómo crecer personal y profesionalmente.

4. Desapego. Cómo liberarte del miedo y vivir con ilusión.
5. Presente. El gran secreto para ser feliz y productivo.
6. Gestión emocional. La clave para ser verdaderamente libre.
7. Actitud positiva. Entrenamiento para vivir en FM.

La reflexión nos exige, a partir de un diálogo (la mayéutica, en la que Sócrates hacía de partera, como su madre, para ayudar a alumbrar nuevas ideas, significa «aprehender»), hacer tuyas las claves que Fabián nos propone. Dejan de ser algo ajeno, teórico, de sentido común, para pretender interiorizarlo, hacerlo tuyo, plantearte con la mayor honestidad posible cuáles son tus fortalezas y tus oportunidades de mejora. Repasa, por favor, las siete claves, y plantéate los puntos fuertes para mantenerlos y los manifiestamente mejorables para trabajarlos. Y pregunta a la gente que te conozca qué opina, con evidencias (comportamientos observables) al respecto.

De la reflexión al descubrimiento, al «aha», al «eureka» de Arquímedes de Siracusa, que acuñó el término «talento». En el análisis propio de las siete claves, descubrirás sorprendentes pautas, patrones, una conexión entre ellas. Tus fortalezas y oportunidades de mejora tienen un sentido, no son aleatorias. Por eso, tus puntos fuertes ejercen de palanca («dame un punto de apoyo y moveré el mundo»; en este caso, tu mundo). Es el proceso de transformación personal. El rol del *coach* es el del mago Merlín. Imagínate que te planteas mejorar en aceptación, desapego y relaciones positivas. Seguro que hay una interconexión entre las tres.

Y de ahí a la acción. Necesitas un plan de acción personal (PAP) para mantener tus fortalezas y aprovechar tus oportunidades de mejora. Tras el «conócete a ti mismo» (seguimos en la antigua Grecia, en el oráculo de Delfos), avanzar en el proceso de convertirte en una versión mejor. Varias prioridades, no demasiadas, convertidas en objetivos MARTE (medibles, ambiciosos y realistas, temporales y específicos). Un compromiso real para pasar del «sentido común» de estas claves a la «práctica común» de lo cotidiano.

Para, al final, convertir esas oportunidades en hábitos, en comportamientos repetidos que forman parte de nuestro carácter (el temperamento como predisposición puede ser genético, pero el carácter es aprendido, forjado a través de la educación). Aristóteles de Estagira, mi *coach* favorito (ayudó a convertir al heredero de Filipo II de Macedonia en el mítico emperador Alejandro Magno) solía decir que nuestra «primera naturaleza» nos es dada, si bien la «segunda naturaleza» es elegida. Los entrenadores hacemos de Pepito Grillo, la consciencia, recordándole a quien se marca objetivos los compromisos que adquirió.

Sabemos que en el estriado dorsolateral del cerebro se fijan los hábitos, según las investigaciones de la profesora Kyle Smith y su equipo de la Universidad de Dartmouth, pero ¿cuánto tiempo se tarda en adquirir un hábito para que forme parte de nosotros de manera consistente? Depende. Desde veintiún días a seis meses, en función de la dificultad. Cuanto más habitual es un comportamiento, menos conscientes nos volvemos del mismo. Y por eso los repetimos, aunque no queramos (lo que técnicamente se denomina «recompensa inconsciente»). El cerebro predice el refuerzo y genera expectativas, según demostraron los profesores Wolfram Schultz y Ranulfo Romo, de la Universidad de Friburgo. Cuanto más se repite una conducta, más se «cablea» el circuito, de forma que se graba en el cerebro. En palabras de Mark Twain, «Nadie se desembaraza de un hábito ni de un vicio tirándolo por la ventana. Hay que sacarlo por la puerta, peldaño a peldaño».

Te deseo no solo que hayas disfrutado con la lectura de este maravilloso libro de Fabián Villena, sino que este logre cambiarte la vida literalmente, te transforme y mejore como profesional y como persona, porque dispones de una guía excelente y de la secuencia para aprovecharla adecuadamente.

JUAN CARLOS CUBEIRO
Presidente para Europa de About My Brain
Institute y socio-director de IDEO

Enlace de la conferencia conjunta de Juan Carlos Cubeiro
y Fabián Villena, titulada
«El camino de la felicidad en la vida y en la empresa»:
https://cutt.ly/bgBKCqy

Agradecimientos

Lo realmente bonito de un viaje es quién te acompaña en el camino, y este libro carecería de sentido sin todas aquellas personas que me han ayudado de una u otra forma a crecer como persona y como profesional. No podré mencionarlas a todas, necesitaría varios libros. Pero desde aquí quiero mostrar mi agradecimiento a todos y recordar a quienes me habéis dado el último impulso en la publicación de esta obra.

Estimado Fernando Botella, sabes que te aprecio y que admiro tu capacidad para aprender de modo exponencial. Muchas gracias por tu prólogo lleno de sabiduría y cariño.

Querido Juan Carlos Cubeiro, que eres una de las mentes más brillantes de este siglo es conocido por muchos, pero lo que algunos no conocen es que tu generosidad está a la altura de tu sabiduría. Mil gracias por tu epílogo y por todo lo que me aportas en cada conversación.

Amiga Ami Bondía, muchas gracias por inspirarnos

a los demás a través de tu ejemplo. Tu luz nos ilumina, y tu generosidad y vitalidad se contagia. Mil gracias por guiarme.

Apreciado Andrés Pérez Ortega, me encanta tu cercanía, humor y sincera humildad. Aunque lo intentes disimular, eres una persona positiva y, sobre todo, inteligente. Ojalá alguna vez pueda devolverte, aunque sea una parte, de todo lo que me aportas.

Mi admirado Francisco Alcaide, nadie mejor que tú sabe de la importancia de aprender de los mejores, por eso a mí me gusta aprender de ti. Muchas gracias por tu coherencia y nobleza.

Querido Jorge Carretero, me siento muy afortunado por haber tenido la oportunidad de divertirme y aprender con tus experiencias. Gracias por demostrarme que el mejor camino para ser un gran profesional es siendo una gran persona.

Estimado Alejandro Hernández Seijo, tienes la gran virtud de hacer fácil lo difícil, y encima, divertido. He tenido la gran fortuna de aprender a tu lado. No solo posees conocimientos y experiencia, además eres un excelente comunicador, tienes el don.

Amigo Josepe, has marcado un antes y un después en mi vida, mil gracias por confiar en ti y por confiar en mí.

Apreciado Sergio Fernández, te tengo presente en mi día a día. Gracias por poner tus talentos al servicio de los demás y por mostrarnos que lo mejor es hacer lo mismo que tú: ser nosotros mismos.

Hay personas que tienen algo especial, Abram, sin duda, eres una de ellas. Con tus canciones disparas emociones, y con Versarte transformas la sociedad, educando a los jóvenes a través del hip hop. El mundo es más bonito contigo.

Qué suerte conocerte Diana Orero, sabes jugar con las palabras para definir y crear mundos de posibilidades infinitas.

Gema Lloret, me bastaron unos minutos para saber que eras la persona ideal para gestionar mi comunicación. Mil gracias a ti, a Ainhoa y a Aida por vuestra profesionalidad y cariño.

Estimado Ismael Santiago, además de ser el premio Literario Amazon 2019, eres una persona cercana y generosa. Muchas gracias por tu ayuda y tus valiosos consejos.

Amigos Mayte Segura y Rubén Sarrió, muchas gracias por dedicar vuestra vida a cuidar y dibujar sonrisas. La mía es inevitable cuando pienso en vosotros.

Querido Antonio Santa, cuidas cada mínimo detalle y a todas las personas de tu alrededor. Mil gracias por tus correcciones y por contribuir con tu excelencia a mejorar el libro.

Y mil gracias a mis queridos lectores beta: Núria Rius, Alfonso Miñarro, Cristina Mulero, Luis Pina, María Vilaplana, Tony Gimeno y Salomé Núñez. No es casualidad que fuerais vosotros los elegidos, os admiro tanto como os aprecio.

Por último, si hay algo de lo que me siento orgulloso es de ser el presidente del Club de Fans de Rubén Montesinos. Me encanta compartir este viaje contigo, especialmente cuando es en tren.

«Para viajar lejos no hay mejor nave que un libro».

<small>EMILY DICKINSON</small>

Gracias por tu lectura de este libro.

En **penguinlibros.club** encontrarás las mejores
recomendaciones de lectura.

Únete a nuestra comunidad y viaja con nosotros.

penguinlibros.club

 penguinlibros